Dedicatoria

Quiero dedicar este libro a mi Padre Celestial por su gran amor que ha transformado mi vida y por restaurar mi matrimonio. Soy lo que ahora soy por su gracia y misericordia. A mi esposo Aroldo Alvarez y mis hijas Hannah y Camila. Ellos son el regalo más especial que haya podido recibir. Dedico este libro a todas las mujeres valientes dispuestas a luchar por su matrimonio. Mi oración es que el propósito de Dios se cumpla en sus vidas y que este libro les inspire, les equipe y les posicione para ganar la batalla por su matrimonio.

Contenido

Agradecimientos

Quiero agradecer a mi esposo y amigo, Aroldo Alvarez, por su cobertura, su amor y apoyo en todo lo que Dios nos ha llamado a hacer. Por amarme y levantarme en los momentos más bajos de mi vida. Agradezco también a mi papá por su ejemplo y sus consejos. A mi mamá por sus oraciones y por enseñarme a buscar a Dios primero por encima de todas las cosas. A mi abuelita Elena, una guerrera de oración que siempre me ha respaldado. También quiero expresar mi agradecimiento a mis pastores, líderes, y mentores de los que he aprendido tanto. Gracias a todos lo que me han apoyado en este proyecto, estoy profundamente agradecida. Y muy en especial a todos aquellos que oraron por mí y por este libro para que ministre el corazón de muchas mujeres.

Introducción

Me case un mayo del año 2006 feliz e ilusionada de formar una familia al lado de mi esposo. Estoy agradecida con Dios por él y por la bendición del matrimonio. Sin embargo, los primeros dos años fueron horribles para ser honesta. Nuestro matrimonio empezó bien pero poco a poco escalaron los desacuerdos y discusiones sin llegar a ningún acuerdo. Ambos eramos incapaces de dialogar como la gente normal el uno con el otro. Nuestra relación de pronto llegó a un punto donde todo era un caos. Nuestra vida personal era un caos, nuestra relación, la comunicación, las finanzas. ¡Todo! Mi deseo siempre ha sido agradar a Dios, pero el matrimonio lo vi como un gran reto que temí fracasar. Llegué al punto de estar confundida sobre mi identidad, mi propósito y potencial que Dios había colocado dentro de mí. De pronto el sueño que tenía de jovencita de formar una familia feliz y llena del amor de Dios se esfumo y se veía muy difícil de lograr. Entre desacuerdos, sentimientos de culpabilidad, odio, rencor y amargura; me dí cuenta que no podía continuar así. Tenía dos opciones, rendirme o luchar por mi matrimonio. Sabía que la segunda opción consistía de mucho esfuerzo y dedicación. También sabía que Dios me estaba llamando a hacer exactamente eso y si no lo hacía, mi matrimonio fracasaría.

No fue fácil, pero con la ayuda de Dios, me determiné a luchar por mi relación y le pedí por estrategias divinas para poder entrar a esta intensa y agotadora batalla. Decidí dejar de ser víctima de los problemas y buscar soluciones en Dios, el Autor, Creador y Diseñador del Matrimonio. Lo primero que Dios hizo en mí fue cambiar mi perspectiva sobre este asunto del matrimonio que no entendía bien. Comencé la gran investigación y búsqueda de lo que es el verdadero matrimonio en Dios y Él comenzó a trabajar con mi corazón. Un corazón que estaba lleno de ofensas, rencor y amargura. Los cambios surgen de adentro hacia afuera, así que comencé un proceso de transformación del corazón que como resultado tuvo un efecto hermoso en mi matrimonio. Quizá, tú te sientas como yo me sentía. Perdiste la esperanza, no sabes que hacer para que todo en tu relación mejore, y necesitas un milagro en tu relación matrimonial. En este libro, quiero abrir mi corazón y compartir mi historia contigo. Compartiré también herramientas y principios bíblicos que te ayudaran a restaurar y mejorar tu matrimonio. Mi oración es que este libro te bendiga y te posicione para ganar la batalla por tu matrimonio.

Capítulo 1

La Batalla Por Tu Matrimonio

Las películas de Hollywood hacen ver el matrimonio tan lindo y tan perfecto. De joven me gustaba mucho ver esas películas románticas que siempre terminaban en una boda y un final feliz. Pero siempre me preguntaba porqué la película terminaba solo en la boda. Hoy en día, la sociedad proyecta un mensaje sobre el matrimonio y muchas cosas van contrarias a lo que Dios nos enseña en su Palabra. Parece como si la sociedad ya no cree en el matrimonio. Nuestros hijos están creciendo con el concepto equivocado. Las parejas viven con corazones lastimados y con la mentalidad equivocada de "qué me vas a ofrecer" o "en qué me puedo beneficiar de ti".

El matrimonio saca a relucir lo mejor o lo peor en la mayoría de las personas, ya que dos individuos separados luchan por vivir como "una sola carne" (Mateo 19:6; Marcos 10:8). Creo que la raíz de los problemas de muchos matrimonios es el egoísmo. Cuando uno o ambos eligen vivir como si sus necesidades merecieran la mayor consideración, entonces comienza el conflicto y aunque no exista un divorcio legal, hay divorcios emocionales. Quizá dejaste de pensar en el divorcio como opción.

Sin embargo, no se necesita un documento formal para decir que ya se vive un divorcio emocional. Una división que surgió desde hace años en el matrimonio. Durmiendo en una habitación separada o el sofá de la sala.

Cuando mi relación matrimonial se comenzó a deteriorar, primero culpaba a mi esposo por un millón de cosas. Después me di cuenta que yo debía corregir áreas personales, altibajos emocionales, heridas en mi alma, y un carácter que estaba completamente torcido. Todas estas disfunciones, afectaban mi vida y por ende todo lo que me rodeaba. Tenía tantas preguntas sin respuestas, no sabía con quien hablar sobre estos problemas y todas esas dudas que tenía sobre mi matrimonio. Estaba atrapada en una prisión de inseguridades aparte del resentimiento y las ofensas acumuladas sin perdonar. Parecía que todas estas emociones incrementaban cada día más. Cuando me sentía a un paso de alcanzar éxito en algo, todo se derrumbaba porque mis prioridades no estaban en orden. Mi matrimonio estaba lastimado y vacío. Me di cuenta que una persona con heridas en el alma y ofensas en su corazón no puede alcanzar su propósito ni su destino. No estarás completo. Te seguirás sintiendo inseguro, vivirás una vida promedio y mediocre sin alcanzar lo que verdaderamente Dios preparó para ti y tu matrimonio.

Quizá hayas perdido la esperanza, tu cónyuge te engaña, o te abandonó. Quizá seas víctima de algún tipo de abuso, tengas graves problemas matrimoniales a causa de las finanzas y simplemente no le ves solución a tu situación. ¡Este libro es para ti! Mi oración es que Dios responda tus preguntas, dudas e inquietudes. Que no sea solamente información sino revelación. Y que sea el principio de una restauración y transformación en tu vida y matrimonio.

Hay una batalla por tu matrimonio, tu identidad, tu propósito y tu potencial. Juan 10:10 habla de un enemigo que es un ladrón. Y este viene a robar, matar y destruir. Pero en Jesús encontramos vida y NO una vida promedio, sino un vida en abundancia. No considero saber todo sobre el matrimonio, sin embargo en estos años he aprendido algunas cosas que me han ayudado a conocer más sobre mi función como esposa, como ayuda idónea y que me han ayudado a llevar mi relación matrimonial a otro nivel. Quiero compartir contigo mi historia y lo que he aprendido en Dios en estos años de matrimonio con la esperanza que aporte valor a tu vida y tu relación. En este libro encontraras herramientas que te ayudaran a posicionarte en el lugar correcto para ganar la batalla por tu matrimonio. Si tú te encuentras en medio de una crisis en tu relación y no le ves solución a los problemas -tengo buenas noticias para ti.

Si Dios restauró mi matrimonio y sigue haciéndolo con miles y miles de matrimonios en el mundo, también puede restaurar el tuyo. Creo firmemente que Dios tiene planes extraordinarios para ti y tu matrimonio. Es hora de accionar.. ¡Así que manos a la obra!

"...el que comenzó tan buena obra en ustedes la irá perfeccionando hasta el día de Cristo Jesús." Filipenses 1:6

"Convertiste mi lamento en danza; me quitaste la ropa de luto y me vestiste de fiesta"
Salmos 30:11

Capítulo 2

El Bagaje Emocional

Cuando me case, no sabía lo grave que es unirse al cónyuge con un corazón lastimado y dolido. Tu pasado afecta tu presente, afecta las personas con las que te relacionas, afecta tu manera de ver las cosas ya sea para bien o para mal. Cuando las personas se casan, traen consigo su pasado a la relación, su historia, sus experiencias y actitudes. Las experiencias que han pasado en sus vidas influyen su relación. Muchas personas esconden cosas y no las comparten con su cónyuge por cualquier razón pero tarde o temprano salen a la luz. Permítete compartirte lo siguiente. Antes de conocer a mi esposo yo estaba en una relación de noviazgo. Tenia unos 20 años de edad cuando terminé uno de los semestres universitarios en Madrid, España. Antes de terminar el semestre recibí un correo electrónico de un amigo de México. Un chico muy amigable hijo de pastores. Entablamos una relación de amistad muy linda escribiéndonos todos los días. Cuando regresé a los Estados Unidos me faltaba un semestre más para terminar mi carrera. La amistad con el chico fue creciendo hasta que se convirtió en un noviazgo. Creo que al principio para mi era una relación más como de amistad.

Creció al punto que nuestras pláticas eran sobre matrimonio. Comenzamos a soñar y platicar sobre casarnos. Pasaba mi vida soñando con mi boda, con estar casada, y en todo eso que soñamos las mujeres. Se convirtió en una ilusión. Comencé a comprar revistas sobre bodas, vestidos de novia y decoración. Seguro hablamos sobre fechas porque recuerdo muy bien que yo quería casarme en un mes de mayo. Nuestra relación era una a la distancia, yo vivía en Texas, y él vivía en México. Después de casi dos años de noviazgo, un día él me dijo que quería hablar conmigo en persona. Entonces ese fin de semana mis papas, que vivían en México, iban a celebrar algo en su casa así que hice planes para visitarlos. De paso mi plan era hablar con él ya que la ciudad donde vivía estaba a dos horas antes de donde viven mis papas. Recuerdo que él actuaba algo extraño, así que me preguntaba de qué se trataría la conversación que tendríamos. La relación siempre fue linda, muy estable y saludable en mi opinión. En fin, para mí todo era casi perfecto. Estaba segura de que este era el chico que Dios tenía para mí. ¡Hasta que escuche lo que me dijo! "Glenda, ya no puedo continuar en esta relación de noviazgo" ¿Cómo? ¿Estaba terminando la relación conmigo? No podía creer lo que escuchaba. Si bien recuerdo, la noticia no provocó mucha reacción en mí, solo mi mente no podía procesar bien.

Él estaba triste cuando me dijo que ya no podía seguir la relación de noviazgo conmigo, y que oraría para que Dios me diera un buen esposo. No recuerdo cuanto tiempo hablamos, probablemente algunos minutos y entonces se fue. Después de sentir tanta ilusión por casarme y los planes que haríamos para el futuro, todo se esfumó en minutos como la neblina. Lo último que me dijo antes de irse fue eso. Que oraría para que Dios me diera un buen esposo. No me dio explicación del porque de su repentina decisión, pero si estaba muy triste al decírmelo. Cuando le pregunté me dijo que no podía decirme, pero que me deseaba lo mejor.

¡No entendía! ¿Qué pasó, porqué cambió de opinión? ¿Porqué no podía darme por lo menos una explicación? ¿Qué le hizo cambiar de opinión? Esto me causó dolor porque nunca esperaba que él me dijera eso. No sabía que pensar, estaba muy confundida y triste. Llamé a una amiga y le conté lo que pasó. Ella me dijo que no me preocupara, que probablemente se equivocó y pronto me llamaría arrepentido. Pero algo dentro de mí me decía que no. Que eso se había terminado. A mi temprana edad de los veintes fue algo muy difícil. Joven, inocente e inexperta de la vida, me tope con una desilusión que me marco. Sentía mi corazón echo pedazos.

Fue un sentimiento muy raro los primeros días. Tenía la esperanza de una llamada, pero pasaron los días y nunca llamó. Pasaron las semanas y comencé a sentir un sentimiento extraño en mi corazón. No entendía que me pasaba. Eran muchas emociones a la vez. Estaba molesta porque no me dio una razón o alguna explicación. Por lo menos quería saber porqué. Un día pensé en visitarlo a la universidad y simplemente exigirle una explicación para cerrar ese capítulo en mi vida. Pero nunca lo hice. En aquel entonces mi abuela vivía en la misma ciudad en la que vivía él. Cada vez que visitaba a mi abuela sentía un dolor profundo en mi corazón que no podía controlar. El estar en la misma ciudad donde vivía él, simplemente me deprimía mucho. No sabía como superar eso. Mis papas vivían a dos horas de ahí y tenía que pasar por esa ciudad para viajar a la ciudad donde vivían mis padres. Pasaba llorando. No quería pasar por ahí. Sentía una tristeza profunda y odio a la vez. Pensarás que exagero. Era una joven inexperta pasando a la etapa de los veintes y no sabía como brincar esa experiencia en mi vida. Todo eso paso como un enero o febrero. Mis días eran tan obscuros que me la pasé encerrada en mi cuarto por meses. En ese entonces vivía en una casa que compartíamos mi hermano, mi primo, un amigo cercano a la familia y yo (la mayor de todos). Mi hermano y todos en la casa notaban que yo estaba encerrada y siempre trataban de convencerme para ir a un estudio bíblico de jóvenes. Yo no quería. Me sentía triste y no quería estar con nadie. Mis padres nos criaron bien y nos dieron todo lo que estaba a su alcance. Pero ahora de adulta, identifiqué que por mucho tiempo tenía dentro de mí un sentido de rechazo. Muchas de las cosas que vivimos o experimentamos nos afectan de diferentes maneras. Tuve una infancia feliz pero aun así me sentía sola por dentro y aislada. Pienso que esto se acentuó e incrementó alrededor de los doce años de edad cuando nos mudamos a los Estados Unidos a estudiar. Mi mamá estuvo con nosotros para cuidarnos y a mi papá lo veíamos cada fin de semana cuando viajábamos a México o él venía. Aunque era algo bueno lo que mis padres hicieron por nosotros y siempre estaré agradecida, sé que eso fue algo que influyó en como me sentía. El cambio de país, culturas, y estar lejos de mi papá fueron factores que influyeron en mi niñez. Haré una pausa aquí para hablar de esto. Quizá tú pasaste por algo similar a lo que yo pasé. O puede ser que no, quizá tu historia es completamente distinta a la mía, pero de alguna manera u otra se conectan. Quizá tú no te sentiste rechazado por un novio, pero te sentiste rechazado por tus padres, o alguna persona de autoridad sobre tu vida. Quizá pasaste alguna tragedia en tu niñez, un abandono, una perdida, quizá te rechazas a ti mismo, cualquiera que sea tu historia.

Tenemos la opción de quedarnos ahí, coquetear con las emociones de víctima por mucho tiempo hasta que tu corazón se endurezca, hasta que mueran tus ilusiones, tu felicidad, tu sonrisa, tus sueños, y tu propósito en la vida. O decidir que eso no te va a mover, refugiarte en Dios, conocer su amor, su misericordia y continuar hacia adelante. Sé que no es sencillo porque son cosas del corazón, pero es la mejor opción, de otra manera, afectará tu futuro.

Ahora me doy cuenta que ese tiempo tan difícil que pase de joven, dejaron marcas en mi corazón. Algunas personas pueden pensar que son tonterías de jóvenes, pero sabes, el enemigo solo está esperando cualquier pretexto, oportunidad o circunstancia de tu vida para tomar ventaja y robar tu propósito y tu destino. Se aprovecha de lo que te pasa, para tener acceso a tu vida, estancarte, distraerte con heridas en el alma para detener tu avance, y hacer un proceso más largo de lo que debe ser. Esta experiencia acentuó un sentimiento fuerte de rechazo que tenía en mi vida y luego explicaré más sobre esto. Como mencioné, el enemigo siempre aprovechará circunstancias en tu vida para adquirir acceso e influir tu vida y todo lo que se relacione contigo (matrimonio, finanzas, tus hijos, etc). Sin darme cuenta, el rechazo comenzó a ser parte de mí.

Quizá en tu vida hay heridas que no sanaron y llevas años con ellas sin darte cuenta. Estas casado y esto ha influido en tu vida de tal manera que no te ha permitido disfrutar tu matrimonio con plenitud. Dios está siempre listo y dispuesto a sanar nuestras heridas cuando le abrimos nuestro corazón y le confesamos nuestro dolor. Él cambia nuestra tristeza y nuestro dolor en alegría (Salmos 30:11). Repito, mucha gente no sabe como salir de esos sentimientos, y son más fuertes que ellos, por lo tanto deciden convertirse en víctimas en lugar de decidir salir de eso y avanzar. Siempre buscan excusas para culpar los que le hirieron y se quedan ahí. Nunca salen del estado de víctima y no progresan en nada. Sé que yo me pude haber quedado ahí, y doy gracias a Dios que solo por su gracia me ayudó a dejar eso atrás y decidir seguir adelante. Tú puedes decidirlo también.

El Poder De La Gratitud

Recuerdo que mi mamá tuvo que venir de México porque estaba preocupada por mí. Una tarde, mi mamá estaba ahí en la cama conmigo tratando de darme ánimos. Sentía que me hundía cada día más en un abismo de tristeza. Había algo que me oprimía y sabía que eso era peligroso.

Le dije a mi mama "mami y ahora como haré para encontrar un chico para casarme. Hoy en día es difícil encontrar a alguien con las intensiones correctas para casarse y que ame a Dios. ¿Qué voy a hacer?" Constantemente tenía una guerra en mi mente. Me atacaban pensamientos como: "te vas a quedar soltera el resto de tu vida, no encontrarás a nadie para casarte". Pensaba que quizá tendrían que pasar años para encontrar a alguien. Yo misma me torturaba pensando en eso. Seguía pensando en cuán perfecta era la relación de noviazgo que tenía porque ese chico era hijo de pastores, estaba en el ámbito de la música como yo, tenía una carrera universitaria, y todo lo que tenía escrito en mi lista. ¡Qué absurdo! Estaba permitiendo que mi vida siguiera ahí estancada sin poder pasar ese capítulo. Pero los planes de Dios son muy distintos a los nuestros. Y lo que Él hace, NO lo hace a nuestra manera. Lo hará a la manera de él porque es la mejor. Recuerdo bien lo que me dijo mi mama: "Glenda ya basta de llorar, quizá no te casaste con este chico como planeabas pero quizá te cases con la persona que Dios tiene para ti el próximo mayo. Dale gracias a Dios por esta situación aunque no la entiendas."

¿Cómo? ¿Gracias? ¿De qué? ¿Por permitir partirme el corazón?...¡¡No!! yo estaba molesta, enojada, triste y de todo. En ese momento decidí estar deprimida y abrazar la tristeza como la almohada que abrazaba cada noche. Pasaba mucho tiempo en la cama dormida. Pero eso que me dijo mi mamá se quedó muy grabado en mi mente. Acostumbro mucho escribir en mi diario desde jovencita, y un día mientras escribía le abrí mi corazón completamente a Dios y le dije que no entendía porqué pero empece a darle gracias por esa situación sin entenderla y creer por lo mejor que venía a mi vida. Me tomó tiempo para que ese "gracias" saliera verdaderamente de mi corazón. Ser sincera con Dios no fue fácil al principio.

Quizá tú estés en una situación similar o diferente a la mía y no entiendes porque han pasado ciertas cosas. Puede ser en el área de tu matrimonio, en tu vida personal, tu salud, o tus finanzas. Aunque no lo entiendas, te animo a acercarte a Dios y darle tus dudas, tu dolor, abrirle tu corazón y comienza a darle gracias por esa situación que estas pasando y que no entiendes. Eso es solo un peldaño que Dios usará para llevarte e impulsarte a un nivel mayor. **I Tesalonisenses 5:18** dice: *"Dad gracias en todo, porque esta es la voluntad de Dios para con vosotros en Cristo Jesús."* Aquí nos enseña que demos gracias a Dios en "todo" no solo algunas cosas, no solo cuando todo va bien, por tus victorias o cuando las cosas salen como planeamos. Da gracias en "todo" aun en medio de las situaciones que no entiendes, lo difícil o doloroso.

Quizá al comienzo solo lo digas de labios como yo, pero con la ayuda de Dios, eventualmente saldrá de tu corazón. Aveces nos dejamos llevar más por las emociones que por lo que sabemos que es correcto. Dios tiene un plan para todo, no entendemos pero es lo mejor. La decisión está en tus manos. Puedes quedarte atorado en ese dolor del pasado, dejándote llevar por la tristeza, los sentimientos y las emociones o puedes decidir salir de ahí y usarlo como escalón para tu próximo nivel. ¡Es tu decisión!

Oración:

Padre celestial, me acerco a Ti para darte mi corazón herido, no entiendo porque pasan estas cosas pero te doy gracias porque sé que esto me ayudará a crecer, a madurar y forjara un carácter sólido en mí. Te entrego mi situación y mi pasado para que eso no siga afectando mi vida. Te doy gracias de antemano por tomar el control y sanar mi corazón.

Amén.

Dios Hace Lo Que Tú No Puedes

Mi anhelo era casarme joven. Mi plan era terminar una carrera y comenzar a formar una familia. Pasaron algunos meses después de haber terminado aquella relación de noviazgo. Era casi el verano. Mi hermano y un amigo me invitaron a un estudio bíblico de jóvenes. Cuando llegué ahí conocí a muchas personas amigables. Entre ellos un chico muy simpático. En ese entonces yo no quería nada con nadie, estaba algo aislada pero Dios es tan maravilloso y sé que por su gracia me ayudó a poco a poco dejar de pensar en el dolor que me había causado aquella ruptura de noviazgo. Todo pasó muy rápido. Nunca me imaginé que Dios hiciera todo tan rápido. Pensé que pasarían años para encontrar al que sería mi esposo. Aún mientras escribo esto, sonrío y lloro a la vez al ver lo maravilloso que es Dios y como hace las cosas. El chico y yo nos hicimos amigos. Todo el verano convivimos y salimos con otros amigos a cenar y conocernos. Una amistad muy linda y muy tranquila. Casi al terminar el verano, la Iglesia donde asistía organizó un campamento de jóvenes adultos al cual asistiríamos mi hermano, su novia, y varios amigos. Yo estaba determinada a ir porque sabía que me serviría mucho apartarme de la ciudad, el ruido, sus distracciones y pasar tiempo a solas con Dios.

Entonces invité al chico y aceptó ir. Pasamos un tiempo maravilloso en la presencia de Dios, recuerdo que ahí dejé muchas de las cargas que llevaba que me impedían ser feliz y sonreír otra vez. Ese encuentro ha sido uno de los que más han marcado mi vida. Tuve un verdadero encuentro con Dios. De regreso a la ciudad, un día después llegó una persona de paquetería con un arreglo floral enorme. Eran cien rosas hermosas. Leí la nota y era mi amigo expresando su gratitud por haberlo invitado al retiro juvenil. Él estaba muy contento ya que en el retiro tuvo un encuentro cercano con Dios que cambio su vida. Pero, ¿cien rosas? Eso es demasiada gratitud jeje. Su interés en este punto probablemente era más que una amistad. Me sentía muy contenta de que él también se había encontrado con Dios. Casi terminaba el verano y el me dijo que le gustaría llevar la relación de amistad a una de noviazgo. La verdad no me sentía bien para empezar otra relación después de lo que pasé a principios del año. Tenía como un mal sabor sobre el noviazgo y no quería nada. Estaba muy confundida con todo lo que había pasado y sentía temor de entrar en otra relación que no fuese voluntad de Dios. Nuestra amistad era tan linda que no quería arriesgar a que se arruinara si lo del noviazgo no funcionaba. Entonces le dije que no. No me sentía lista para un noviazgo. Él me dijo que podía esperarme hasta que yo estuviera lista así que solo me puse a orar sobre eso.

En mi corazón solo quería hacer la voluntad de Dios y lo que era correcto. A veces cuando las bendiciones vienen no las persibimos porque aún entretenemos el dolor del pasado. Te das cuenta que cuando algo viene de Dios, todas las cosas se dan sin forzarlas. Una paz profunda inundará tu corazón. Seguimos como amigos pero un día lo lleve a una reunión familiar y para mi sorpresa, toda mi familia lo amo. Yo estaba sorprendida porque todo fluía tan bien. Entonces fue que me dediqué a ser más específica en mis oraciones sobre un futuro noviazgo con él. Pasaron algunas semanas y me volvió a preguntar sobre ser novios y le dije que si. Salíamos a cenar, íbamos juntos a la iglesia, a los estudios bíblicos y platicábamos largo tiempo por el teléfono. Pasaron casi algunos dos o tres meses y me dio un anillo hermoso proponiéndome matrimonio. ¿Qué? Fue una gran sorpresa para mí, jamás me lo esperaba. Estaba feliz, emocionada, nerviosa. Todo a la vez. Sabía que Dios era quién me había traído esta bendición. Me demostró que si nosotros le confiamos y alineamos nuestra actitud y todo a él (aún cuando no entendemos), Él hará posible lo que a nosotros parezca imposible. No podía creerlo. ¡Lo sé! Todo pasó tan rápido. Ahora tenía un anillo en mi dedo y pronto me casaría. Yo no sabía cómo iban a reaccionar mis papas cuando supieran lo del anillo.

Después de salir de una relación de noviazgo que me había afectado tanto, entrar a otra y comprometerme en el mismo año. ¡Guau! Cuando visité a mis papas para darles la noticia, estaba muy nerviosa y pensé que ellos quizá se opondrían a mi decisión. Para mi sorpresa, se pusieron muy contentos. Mis tías estaban contentas, mi abuela estaba contenta, mi hermano estaba contento, así que pude ver como todo fluía y podía sentir el respaldo y la paz de Dios. Todo el mundo se enamoró de él. Todo estaba saliendo bien. ¡No podía creerlo! Nunca, pero nunca me imaginé que en ese estudio bíblico de jóvenes al que no quería ir, Dios tendría al que

> *Cuando le entregas todo a Dios y confías en Él, te sorprenderá lo que puede hacer.*

sería mi esposo. Jamás pensé que Dios lo haría ese mismo año, era demasiado rápido. ¡Me equivoqué! Cuando le entregas todo a Dios y confías en él, te sorprenderá lo que puede hacer. Dios siempre te encontrara en el camino. Solo que tienes que dar el primer paso. Tienes que decidir hacer lo mejor que tú puedes hacer, hacerlo bien, hacerlo con un corazón obediente y lleno de gratitud, confiar y creerle a Dios. Te animo a entregarle tu situación a Dios, enfócate en El no en tus problemas, tus debilidades o limitaciones.

Enfócate en desarrollar tu relación con Dios y hacer todo lo que puedes hacer mientras Él trabaja y verás que la respuesta llegará. Tú solo no podras hacerlo, incluye a Dios en tu situación y te sorprenderá.

El Bagaje

Nos comprometimos un octubre del 2005 y la fecha que establecimos para la boda fue mayo del 2006. Estaba feliz. Estaba demasiado agradecida con Dios porque sabía que solo Él podía haber hecho esto. Mis papas estaban felices por mí, mi hermano, y mi familia. Comencé con los planes de la boda. En ese entonces los dos habíamos terminado la carrera universitaria y él tenía un trabajo estable. Dios nos permitió tener una boda maravillosa y una luna de miel increíble en Jamaica. Y bueno, como que sentí que había llegado a un destino, pero realmente apenas comenzaba. Mi esposo acababa de comprar una casa sencilla pero linda donde comenzamos nuestra vida de casados. Estaba contenta y agradecida con Dios por todo pero había un problema. Algo que yo no sabía que pasaba en mí hasta que pasó un tiempo y Dios me lo mostró. Hay cosas que llevamos dentro de nuestra alma que se activan hasta que suceden ciertas experiencias en nuestra vida.

Si no atendemos esa situación en el alma, entonces viviremos las consecuencias eventualmente. Después de unas semanas empezaron las fricciones. Realmente eran cosas insignificantes pero la inmadurez estaba en su máximo punto en los dos.porque dejo la gorra en la mesa, la tapa del inodoro levantada, manchas de pasta dental o la ropa sucia tirada en el baño. Todo empezó así. Luego yo comencé a aislarme, a ser fría y cortante sin razón alguna. Tendía a aislarme. Esto es precisamente lo que las personas con heridas en el alma hacen. Se aíslan. Comencé a sentir otra vez aquella tristeza profunda. Sabía que había tomado la decisión correcta de casarme y estaba feliz con mi esposo pero sentía mucha tristeza y no entendía que pasaba conmigo. Quería corresponderle a mi esposo pero algo me separaba. Sentía mucha confusión. Ahora entiendo que:

1. Me dejaba llevar mucho por mis emociones.
2. Entré al matrimonio con heridas en el alma sin haber sanado por completo.

La verdad nunca me di la oportunidad de rendirle todo a Dios completamente. Estaba tan distraída con la boda que reprimí todo dentro de mí. Pareciera como si algo estaba incompleto en mí. Pasaron un par de cosas con mi esposo, me sentí muy ofendida y decepcionada de él.

Sentí que agregué más peso al bagaje de ofensas del pasado, tristeza y heridas que reprimí y enterré en lo profundo de mi alma. Los problemas con mi esposo los tomé como excusa para comenzar a pelear y discutir con más frecuencia. Despertó en mí un coraje hacia él que no podía controlar. Es como si otra Glenda despertó en mí. Se activaron estos sentimientos de odio, enojo, y coraje. Te estoy hablando con toda sinceridad. Siempre estaba molesta con él. La verdad es que dentro de mí pasaba algo. Todas estas emociones desordenadas, todo ese caos dentro de mí, no podía controlarlas. Mi punto aquí es que todo eso lo use como excusa a raíz de que yo tenia una herida en mi corazón que no le había permitido a Dios sanarme. Dios me dio la hermosa bendición del matrimonio con la persona que escogió para mí, pero yo no estaba cuidando eso. Muy dentro de mí sabía que si mi relación seguía así, lo que seguía era un divorcio.

Me di cuenta que la tristeza que reprimí, era a causa de una ofensa la cual había echado raíz y ahora lo que había dentro de mi era amargura, enojo y un corazón endurecido. No podía dar amor porque realmente no lo tenía. Ni si quiera me amaba a mi misma. Me sentía rechazada y me protegía mucho para que nadie me lastimara otra vez como lo pase antes.

Siempre levantaba barreras para protegerme. Después de algunas cosas que pasaron con mi esposo, use ese motivo para protegerme y ser fría en mi relación con él. Una manera muy equivocada y errónea de pensar. Al paso del tiempo, sentía que comenzaba a hundirme yo misma en un pozo de tristeza y dolor otra vez, pero esta vez más profundo. No sabía porqué estaba triste la verdad pero algo dentro de mí me decía "llegaste a tu final, tu matrimonio no sobrevivirá." No podía ser feliz con mi esposo, algo me controlaba, era más fuerte que yo. También me dejaba llevar por mis emociones y cualquier sentimiento que viniera a mi mente. ¡Le daba rienda suelta!. Los problemas escalaron, eran problemas todo el tiempo. Mi relación íntima con él, nuestra economía, las actitudes, y nuestra relación con Dios. Se mencionó el divorcio varias veces y sabía que él podía tomar acción con esto en cualquier momento. Me fui varias veces a casa de mi mamá pero ella me regresaba a mi casa diciéndome que arreglara mis asuntos (que bueno que lo hizo). Lo que quiero decirte en esta parte del capítulo es que yo tenía algo en mi corazón que arrastraba del pasado, y no podía ser feliz. Hasta que me dí cuenta del bagaje. No había perdonado ni soltado a la persona que me lastimó. Estaba dentro de una prisión y no podía ser feliz. Mi alma estaba herida, por lo tanto el enemigo encontró una entrada legal para atormentarme.

Muchas veces Dios nos da bendiciones pero tenemos cosas en nuestro corazón a las que nos aferramos y entonces no podemos ser felices, nos estancamos ahí, y decidimos quedarnos ahí por no esforzarnos en buscar la solución en Dios. Hay dos opciones: Quedarte en el pozo, o salir de él con la ayuda de Dios. Muchos se quedan ahí y deciden vivir como víctimas. Encuentran comodidad en el pozo. Pero Dios no nos creo para ser víctimas ni estar en un pozo. ¡Nos creo para vencer!

> *Hay dos opciones: Quedarse en el pozo, o salir de él con la ayuda de Dios.*

Ahora me doy cuenta que el perdonar a alguien, te libera. El perdón tiene el poder de abrir la puerta de la prisión que nosotros mismos construimos al no perdonar. Una vez leí un mensaje de Joyce Meyer que dice que perdonar no tiene nada que ver en como nos sentimos, el perdón es una decisión, es obediencia. Debemos aprender a hacer lo correcto simplemente porque eso es lo correcto y no porque alguien se lo merezca. Pienso que tiene mucha razón. Es por nuestro bien. Mientras hagamos lo correcto, Dios se encargará de todo lo demás. Si tu estas en una situación similar, sientes que tu corazón se ha endurecido, no puedes ser feliz, o tienes cosas del pasado pendientes en tu corazón que no has soltado, te animo a rendírselas a Dios.

2 Corintios 5:17 dice: *"De modo que si alguno está en Cristo, nueva criatura es; las cosas viejas pasaron; he aquí todas son hechas nuevas."*

Si estamos en Dios, Él hace todas las cosas nuevas. Nos da una nueva oportunidad y ya no tenemos que enfocarnos en el pasado, ni arrastrar lo que nos paso, seguir culpando a las personas que nos hirieron. Es tiempo de soltarlo, dejarlo ir, y comenzar a ver hacia el futuro, hacia lo que te ofrece Dios. No permitas que tu pasado, aborte tu futuro. Muchas personas están aferrados al ayer, a la persona que les ofendió, a lo que le hicieron o no hicieron. Su pasado está dictando su presente. Quizá el no perdonar a alguien o soltar alguna ofensa, ha estado envenenando su vida. Hasta que no tomen la decisión firmemente de olvidarse del pasado, o perdonar la persona que le ofendió, entonces su presente no cambiara y su futuro será igual. Me di cuenta que debía ponerme a cuentas con Dios sobre eso. Y bueno, eso no lo era todo. Habían muchísimas otras cosas que pasaban en mi corazón, y el bagaje que cargaba era solo una cosa. Pero ahí comenzó mi jornada en el matrimonio.

Tuvieron que pasar muchas cosas para darme cuenta que necesitaba ayuda y debía poner énfasis en trabajar en mi matrimonio. De esto hablaré más adelante. Me doy cuenta ahora que si permites que Dios escriba tu historia, será la historia más linda que puedas experimentar en tu vida. Entonces para concluir esta sección, suelta el bagaje. Suelta las ofensas de tu corazón, el dolor que cargas o la persona que te ofendió. Suelta lo que experimentaste en tu niñez, de joven, o adulto. No importa cuando, simplemente somételo a Dios ahora y no vivas con ese dolor y esas heridas. Recuerda que no se trata de un sentimiento, no digas "cuando sienta perdonar" solo debes tomar la decisión y accionar.

Isaias 61:3 dice: *"Me ha enviado a darles una corona en vez de cenizas, aceite de alegría en vez de luto, traje de fiesta en vez de espíritu de desaliento. Serán llamados robles de justicia, plantío del Señor, para mostrar su gloria."*

Dios nos da la opción de escoger dejar nuestras cenizas y luto por alegría y traje de fiesta. No sé cual sea tu situación, quizá no puedes perdonar lo que te hizo tu esposo o tu familia en el pasado. Y ahora sientes que tienes una vida llena de amargura y no puedes ser feliz.

Permíteme decirte que NADA en la vida cambiara si primero tú no decides que eso cambie. Si no hay cambio en ti primero, no alcanzaras tu máximo potencial en lo que hagas, ya sea tu trabajo, tu negocio o tus sueños. Tu situación ni nada cambiará si primero tú no decides cambiar. Por lo general, siempre apuntamos hacia otra dirección excepto a nosotros. Culpamos a personas o situaciones pero debemos comenzar por nosotros mismos. El día de cambio es AHORA no mañana. ¡Comienza el cambio hoy!

Oración:

Señor Jesus, mi vida es tuya y quiero honrarte siempre. Te entrego la dureza de mi corazón, mi dolor, la amargura, las ofensas que he cargado todo este tiempo y mis heridas. Hoy tomo la decisión de soltar mi pasado, soltar esas experiencias que me marcaron, y perdonar a aquellos que me ofendieron. Quiero que escribas mi historia, quiero vivir en tu plenitud. Me arrepiento, por favor sana mi corazón.

Amén.

El Bagaje Emocional

"Con sabiduría se construye la casa, con inteligencia se echan los cimientos. Con buen juicio se llenan sus cuartos de bellos y extraordinarios tesoros. El que es sabio tiene gran poder, y el que es entendido aumenta su fuerza."
Proverbios 24:3-4

Capítulo 3

Falsas Expectativas

Hay que reconocer que no es fácil ajustarse a vivir con alguien con quien nunca en tu vida has vivido. Comienzas a conocer a la persona en todos los aspectos desde que se levanta hasta que se duerme y vise versa. Comienzan a surgir actitudes y características que quizá no habían experimentado de novios. Conoces la verdadera persona por dentro y por fuera. Comienzan los conflictos, los desacuerdos etc. Entiendo que hay diferentes razones por las cuales los matrimonios comienzan a fracturarse en las primeras etapas del matrimonio.

Pueden ser desacuerdos insignificantes o problemas demasiado graves. Para muchos es en el área de las finanzas, personalidad, actitudes, problemas de intimidad, o todo a la vez. Y cuando el matrimonio esta en desacuerdo el uno del otro, cuando el fundamento en Dios no es sólido, seguramente se enfrentaran con problema tras problema sin poder solucionarlo. Esto se convierte en un ciclo vicioso del cual no pueden salir. Llegó el punto en nuestro matrimonio donde nos sentíamos como en una cuerda floja.

Para comenzar, no estaba contenta conmigo misma, tenía varias inseguridades y nada me hacía feliz. No considero que tenía una relación sólida con Dios en ese entonces. Asistíamos a la iglesia los domingos y durante la semana estábamos muy dedicados a la rutina diaria. La verdad no hacía tiempo para orar como debía. Mi esposo después del trabajo estudiaba una maestría y llegaba en la noche. Él tenía un buen trabajo con un salario decente sin embargo por mala administración de nuestras finanzas, había muchas ocasiones que nos faltaba el dinero para pagar cosas como utilidades de la casa entre otras cosas. Eso era una de las frustraciones mayores en nuestro matrimonio. No había un acuerdo mutuo y la mayor parte del tiempo estábamos en desacuerdos. Aparte de los problemas de finanzas, de las inseguridades que sentía y de mi baja estima; surgieron otras cosas en mi matrimonio que despertaron en mí un sentimiento de rechazo hacia mi esposo.

Quiero aclarar que mi esposo nunca me falto ni me ha faltado al respeto físicamente. Sin embargo, en ese tiempo me sentí ofendida y muy dolida por ciertas cosas que ocurrieron. Empecé a sentir odio dentro de mí al punto que no quería hablar con él, no quería nada con mi esposo. Comencé a aislarme y nuestra relación se enfrió completamente.

No había comunicación y no había acuerdo en nada. Por mi parte había mucho orgullo, no sabía pedir perdón. Me guiaba mucho por mis emociones y era muy dura conmigo misma así que actuaba igual hacia mi esposo. Hubo varias ocasiones que él me pidió perdón por varias cosas que pasaron, y volvíamos a la relación normal, pero luego volvía a ocurrir. Así que entramos en este círculo vicioso de eventos que se repetían y no había cambio, nuestra relación no progresaba. Mientras estas cosas sucedían nos lastimábamos mutuamente hasta que tocamos fondo. Yo sentía que mi esposo fallaba en su función como líder de la casa y me sentía traicionada y lastimada por sus actos. Por supuesto que yo también fallaba y tenía multitud de defectos en muchísimas cosas pero uno mismo no se ve y mucho menos cuando es inmaduro. Las cosas que ocurrían causaron que despertara el verdadero YO. Esa persona interior, la verdadera persona que realmente somos. Comencé a descubrir quien verdaderamente era en mi actitud y mi manera de pensar. Aún que mi esposo me había ofendido en áreas que me causaron dolor, no es excusa para responder con una actitud de odio e indiferencia. Le abrí la puerta a la ofensa y falta de perdón en mi corazón y eventualmente eso mismo me fue robando la paz y la esperanza. Despertaba cada día sin la paz de Dios en mi vida y sin poder sonreír. Cada día era una rutina, todo estaba vacío y vivía triste y sin propósito.

Un día mientras estaba acostada me estaba quedando dormida y me vi en el fondo de un pozo profundo al que caía, frio y obscuro del cual sería muy difícil salir. Así se sentía mi vida, sin esperanza. Sabía que eso no era lo que Dios quería para mi matrimonio o para mí. Algo tenía que pasar ya que mi matrimonio se estaba perdiendo. Tenía mucho miedo al divorcio. Miedo a vivir un matrimonio triste y vacío. Miedo de fallar y fracasar en la vida. Todos estos pensamientos comenzaron a invadir mi mente y no sabía que hacer ni cual sería la solución a este gran problema que reprimía. Me di cuenta que necesitaba ayuda. Había esperado mucho y cada día que pasaba la situación era más grave.

Falsas Expectativas

Después de la luna de miel todo volvió a la normalidad y mejor dicho: entramos a la realidad. Mientras tratábamos de ajustarnos comenzaron a surgir varias cosas los primeros meses de casados. Cuando uno se casa tiene expectativas de su pareja. La mayoría de las veces no se expresan y uno asume que simplemente sucederá. Cuando no sucede, entonces comienza la tensión y la frustración. Cada uno tenía expectativas diferentes. No quiere decir que sean las correctas pero es demasiado importante expresarlas y comunicarse al respecto para llegar a acuerdos.

La realidad es que se va acumulando la frustración y va aumentando hasta que surgen las discusiones por falta de comunicación sobre el tema. Así como mi esposo, yo también tenía expectativas pero nada sucedía. Un error grave es que no teníamos una comunicación clara sobre esas expectativas. Todo lo dejábamos en el aire, asumiendo que si ignoramos los detalles, después cambiaran. La realidad es que NO. Uno debe ser claro, honesto, genuino y hablar las cosas con claridad para estar en acuerdo. Expresarse lo que sienten el uno con el otro hasta arreglar las cosas con la ayuda de Dios. La falta de comunicación simple puede crear barreras significativas en un matrimonio y, a menudo, compartir una fuente común: expectativas no cumplidas. Mi esposo y yo por la gracia y ayuda de Dios pudimos superar estos problemas con una clara comunicación. Hablamos de como nos sentíamos cada uno sobre respectivas cosas como las responsabilidades de cada uno en el hogar, en las finanzas, la intimidad, y todos los detalles donde veíamos frecuente conflicto. Otro de los conflictos que ocurrían entre nosotros (pensarás que es absurdo) era que yo sentía que hacía todo en la casa. Tenía esa expectativa de él, que algunas veces quisiera ayudarme por lo menos a tirar una basura o cambiar un foco fundido. Mi esposo no es ni ha sido una persona machista, sin embargo parte de su niñez fue criado por su abuela, fue el único hombre y era algo mimado.

Entendía cual era mi trabajo y labor como mujer y esposa en la casa, pero sentía que mi esposo podía colaborar en detalles como los que mencioné para mantener el orden en la casa. Esto fue otra razón por la que habían conflictos de mi parte, aunque parezcan tonterías de la etapa inmadura. Las mujeres hablamos un lenguaje diferente a los hombres. Y claro el lenguaje de los hombres es distinto al de las mujeres. Un idioma que tuve que aprender a hablar para poder expresarme mejor con mi esposo. Hay un libro del cual aprendí mucho y se llama *Los Cinco Lenguajes del Amor* por Gary Chapman. En este libro aprendí que si queremos

> *El lenguaje de los hombres es distinto al de las mujeres.*

ser comunicadores de amor efectivos, debemos estar dispuestos a aprender el lenguaje amoroso que es más importante para nuestro cónyuge. Por ejemplo, para mí, cuando mi esposo me abre la puerta del carro, me abraza, me ayuda algún día espontáneamente en la cocina o algo así, eso es una expresión de amor y de cariño para mí. Por el contrario, para mi esposo, el contacto físico es el más importante para él. Y sí, probablemente lo sea para la mayoría de los hombres. Lo cual entiendo que para mi esposo es importante que lo abrace, que le muestre mi cariño.

Hay necesidades emocionales que se esperan de cada uno pero hay que estar consciente que cada uno tiene necesidades emocionales diferentes y hay que aprender a hablar el idioma de tu cónyuge para que ambos estén contentos en la relación. En mi caso, había mucha confusión sobre esto porque ninguno de los dos recibíamos lo que esperábamos y siempre estábamos en desacuerdo e insatisfechos el uno con el otro. Eso es peligroso porque si no se resuelve, entonces esto puede ser el resultado de una infidelidad o por eso es que el cónyuge comienza a buscar en otro lugar o persona lo que espera de su cónyuge.

Cambiar a Tu Cónyuge

Una de mis misiones en la vida al casarme con mi esposo era querer cambiarlo. ¡Que grave error!. Eso es una misión imposible. Una esposa jamas podrá cambiar a su esposo. Ni un esposo puede cambiar a su esposa. Pero Dios si puede cambiar el corazón de los dos. Y gracias a Dios me di cuenta de esto rápido. Debemos entender que nuestro trabajo no es el de cambiar nuestro cónyuge, ese trabajo le corresponde al Espíritu Santo. Él hará el cambio en su corazón, un cambio duradero. Entendí con el tiempo que mi trabajo es buscar a Dios primero, agradarlo, vivir una vida cerca de su presencia para que me dé su ayuda y su gracia para ser una mujer conforme a su corazón.

La mujer que mi esposo necesita, sin enfocarme en sus debilidades o errores. Reconocí que no podré cambiarlo, que si mi vida esta cerca de Dios y yo hago lo que me corresponde como esposa e hija de Dios, él se encarga de todo lo demás. Mi trabajo es aceptar a mi esposo tal y como es SIN JUZGARLO, o apuntar sus errores. Apoyarlo con mi oración diaria y para que Dios haga lo que tiene que hacer en ambos. Una vez que acepté que necesitaba ayuda por mi forma de actuar, de pensar y accionar, dejé de orar para que mi esposo cambiara. ¡Pon atención a esto!. Muchas veces uno ora para que su cónyuge cambie e ignoramos el hecho de que el cambio lo necesitamos nosotros primero. Así que oré primero para alinear mi vida con Dios y soltar la basura que cargaba en mi corazón. Una vez que me sentí ligera y liberada, entonces empece a orar por mi esposo pero no para que Dios lo cambiara, sino para que se cumpliera su propósito en él. Cuando me enfoqué en buscar a Dios y mi liberación en Él, la vida de mi esposo empezó a cambiar mientras Dios hacía su obra en mi. Esto es algo hermoso que solo Dios puede hacer. Esto no solo aplica con tu cónyuge, también con un hijo o ser querido.

Comunicación

Uno de los consejos que más me dieron antes de casarme fue: *la importancia de la comunicación.*

Aunque sabía lo que significa, creo que no lo entendía bien en lo profundo de mí. De novios platicábamos largas horas en persona y por teléfono. Ahora de casados él estaba más enfocado en su trabajo y dejamos de tener tiempos de comunicación de calidad. Pensé que esto de la comunicación en el matrimonio sería más sencillo. ¡No fue así!. El fundamento de un buen matrimonio que dura toda una vida, tiene que estar fundado en la comunicación. Las mujeres somos buenísimas con esto de la comunicación. Pero dejame aclarar -hablar, hablar y hablar no quiere decir que te comuniques efectivamente. El quejarte no es comunicación efectiva. La comunicación es verbal, emocional y física. Uno debe sentir esa cercanía a su cónyuge, una seguridad de que ambos están en el mismo equipo. La relación más cercana que uno pueda tener es con su cónyuge porque le compartes absolutamente todo. Uno debe compartir y establecer tiempos para hablar y estar en la misma página. En mi caso, mi esposo se cerraba mucho, no hablaba. Por otro lado, yo hablaba de más, pero la mayoría eran quejas y más quejas. Hasta que intencionalmente comencé a buscar a Dios por un cambio en mí, entonces me di cuenta que necesitábamos saber comunicarnos el uno con el otro. Con la ayuda y la gracia de Dios comencé a cambiar mi manera de hablarle a mi esposo. Poco a poco deje de quejarme y eventualmente comencé a proponerle sentarnos y comunicarnos efectivamente.

Cuando nos sentábamos era una platica en paz. No comienzas tu conversación acusando, apuntando errores, o con un sentido de víctima y egoísta. Si no con una actitud dispuesta a cambiar y avanzar en la relación. Recuerdo que una vez le dije que yo quería ejercer mi función de esposa bien. La función original asignada por Dios. Ser la ayuda idónea que describe la Biblia. Pero había muchas cosas que debíamos ajustar en nosotros. Yo le pregunte cuales eran las cosas o detalles en mí que no le gustaban, cosas que podemos mejorar para ayudar nuestra relación. Entonces el me dijo como se sentía cuando yo decía o actuaba de cierta manera hacia él. Sabía que varias de ellas eran problemas y asuntos que yo debía mejorar en mi persona. A él le gusto que yo le dijera esto, y entonces el me dijo: -Glenda, y, ¿qué puedo cambiar yo para que nuestra relación sea mejor?- Comenzamos a respetar lo que hablábamos, tratando de no brincar la línea del respeto. Esto nos funciono muy bien. Te recuerdo, esto funciona cuando va de la mano de Dios, si oras al respecto para tener una buena comunicación con tu cónyuge y para que ambos lleguen a acuerdos justos. Alguien tiene que ceder. A veces estamos mas concentrados en quien tiene la razón, o en caprichos absurdos. Debe haber un deseo mutuo de rendición, de someter sus deseos y su agenda para llegar a un acuerdo para el cambio.

Esto es sin juzgarse, sin ofenderse, sin faltarse al respeto, sino hablando como adultos apropiadamente. Si no logran hacer esto solos, necesitan pedir ayuda profesional.

Respeto

Esto es una línea que yo brinqué. Y todo se te regresa. Si tú faltas al respeto, entonces no dudes que tu cónyuge te falte al respeto también. Gracias a Dios lo nuestro nunca llego a golpes o ningún tipo de abuso físico. Pero todos sabemos que las palabras aveces lastiman más que los golpes. Me dí cuenta que cada vez que le faltaba al respeto a mi esposo y lo ofendía con mis palabras, era como si lo hiciera hacia a Dios. Porque no importa que tan malo o desobligado sea tu esposo, él representa una autoridad y representa la autoridad que Dios estableció. Ahora, si el esposo no está siendo responsable en representar esa autoridad correctamente y abusa de eso, entonces ya queda entre él y Dios. Pero tú sabes que por lo menos tú haces tu parte respetándolo. Hay mujeres que me han escrito en mis redes sociales sobre qué hacer cuando hay golpes y abuso físico. Eso es algo que por nada debe tolerarse, se necesita reportar y pedir ayuda de inmediato. 1 Corintios 8:1 dice que: "el amor edifica." Eso implica que el amor construye y te hace más fuerte. El amor "no hace nada indebido, no busca lo suyo, no se irrita, no guarda rencor." (1 Corintios 13:5)

Yo no estaba viviendo en este tipo de amor hasta que comencé a pedirle a Dios que me llenara de este amor. Incluso, recuerdo que le pedía a Dios que cambiara mi manera de ver a mi esposo y me diera gracia con él. Recuerda que tenia mucho resentimiento y para mí era muy difícil ver a mi esposo con ojos de amor. Lo veía con resentimiento, pero cuando Dios me lleno de su amor, mi perspectiva cambió.

El Cambio es una Decisión

El estar casado es una oportunidad perfecta para el cambio. Cuando estas casado te das cuenta de cuanto necesitas cambiar y mejorar en tu vida. Unos necesitan más cambio que otros, pero Dios comenzará con el que este dispuesto. En mi caso, yo estaba dispuesta y determinada al cambio. No importa cual sea tu situación, quizá tu historia sea muy distinta a la mía. El punto aquí es admitir que hay un problema y se necesita una solución. Muchas veces oramos a Dios que nos resuelva las cosas, que nos ayude con esto o con lo otro, sin embargo no estamos dispuestos a accionar y cambiar. Si queremos resultados diferentes, tendremos que hacer cosas diferentes. Hay personas que no están dispuestas a cambiar porque sabemos que el cambio es incomodo y muchos prefieren quedarse en la zona de comodidad. No quieren esfuerzo, no quieren sacrificio ni nada.

Solo por la gracia de Dios sé que me ayudó a comenzar a ver todo diferente. Reconocí que mi matrimonio estaba en graves problemas, que yo tenía que cambiar mi manera de ser con mi esposo y tenía que comenzar a hacer algo urgentemente. Sabía que no podría hacerlo sola, que necesitaba a Dios y quizá consejería matrimonial en mi iglesia. En este punto donde estaba tenía que tomar una decisión. Tenía que escoger entre un matrimonio vacío que nos llevaría justo a un divorcio, o rendir el orgullo, decidir cambiar y pedir

> *Decidí ser más amable con mi esposo aunque no lo sentía. Porque el amor no es un sentimiento, es una decisión.*

ayuda. Así que, para comenzar un cambio en tu matrimonio, el cambio debe comenzar en ti. Uno debe de decidir querer cambiar y rendirse por completo a Dios siguiendo sus principios. Decidí cambiar y buscar a Dios para que me ayudara en ese proceso que para mí era un reto. Decidí cambiar mi mala actitud hacia mi esposo, le di acceso a Dios para transformar mi corazón por completo. Un corazón lleno de tristeza, enojo y resentimiento. Decidí ser más amable con mi esposo aunque no lo sintiera. Porque el amor no es un sentimiento, es una decisión. Algo sucede cuando en lugar de pelear, ofreces tu amor.

I Corintios habla del amor. Jesús nos mostró su amor, y nosotros debemos imitarlo. Si no puedes hacerlo y te parece muy difícil, ora que Dios te revele su amor y te llene para que tú puedas responder a todo con una actitud de amor.

Pide Ayuda

Estas son solo algunas de las cosas que enfrentamos en nuestro matrimonio y tuvimos que arreglar. Cuando las cosas estaban mal y se intensificaban cada vez más, decidimos pedir ayuda. Aparte de mí decisión de cambiar, me compre un par de libros de los que podría aprender sobre restaurar mi matrimonio. Y aunque esto no sería suficiente, sabía que me ayudaría. Estaba muy cargada con todo lo que pasaba en la relación. Aparte de los problemas emocionales, nuestras finanzas no estaban bien y esto traía mucho estrés para los dos. No administrábamos bien el dinero, no ahorrábamos, no teníamos un presupuesto, estabamos en deuda. Todo estaba al revés. Entonces me atreví un día a buscar a la esposa de nuestro líder, que es uno de los pastores de la iglesia a la que asistimos. Con mucha pena la busqué y le abrí mi corazón. No pude contener el llanto pero creo que me hizo bien porque me sentía un poco mejor después de haberle compartido todo lo que cargaba mi corazón. Ella de inmediato me consoló, oró por mi y me dijo que no me preocupara porque había solución para todo eso.

Me fui en paz y luego tuvimos varias citas con nuestro líder para identificar los problemas más graves y traer solución. ¡Notamos un gran cambio!. El Pastor inscribió a mi esposo en una clase de hombres en nuestra iglesia. Comencé a ver un cambio en él. Después nos inscribimos a la clase de finanzas para aprender sobre presupuestos, administración de finanzas, y ahorros. Asistimos a varios seminarios de matrimonios de la iglesia. **Oseas 4:6** dice: *"Mi pueblo fue destruido, porque le faltó conocimiento."* Cuando no tenemos el conocimiento de cómo hacer las cosas, entonces fracasaremos. Un ejemplo, uno no puede abrir un negocio de pastelería si no sabes nada de cocina o pasteles. Seguramente si abres, cerrará muy pronto por no saber nada sobre ese tipo de negocio. Por otro lado, si te educas un poco en la parte de negocios, cómo opera una pastelería, contratar a alguien que sepa hacer pasteles, y quizá tomar una clase de repostería, entonces tienes más oportunidad de que ese negocio sea exitoso. Espero que me explique. Mi punto es que cuando te educas sobre algo, hay conocimiento, entonces hay revelación y esto cambiará tu ruta del fracaso a la victoria. ¿Qué es lo que pasa en tu matrimonio?, ¿En qué áreas necesitas ayuda?. Te animo a que primero le pidas ayuda a Dios y también buscar un buen consejero matrimonial que base sus consejos en fundamentos bíblicos para que te pueda ayudar.

Cuidado a quién le abres tu corazón y le compartes lo que sucede. No lo hables con cualquier persona en tu iglesia, busca la persona indicada con experiencia. Alguien que te dará consejos sabios departe de Dios.

Oración:

Padre Celestial, reconozco que he fallado y que he brincado la línea de respeto con mi cónyuge Hoy te confieso lo que hay en mi corazón porque quiero un cambio. Necesito tu ayuda para poder cambiar. Dame un corazón nuevo, un corazón que pueda volver a amar, así como tú me amas a mí. Te necesito en mi matrimonio, y hoy renuncio a mi vieja manera de pensar y actuar. Te invito a que tú seas el centro de mi vida y matrimonio. Gracias de antemano por lo que harás en mí y en mi matrimonio.

Amén.

Falsas Expectativas

" Así que ya no son dos, sino uno solo. Por tanto, lo que Dios ha unido, que no lo separe el hombre."

Mateo 19:6

Capítulo 4

¿Qué es el matrimonio?

Todos tienen una definición distinta sobre el matrimonio. Pero la más importante y la que cuenta es la que Dios nos dice en su Palabra. Hablemos sobre lo que es el matrimonio basado en la Biblia.

La sociedad, los medios de comunicación y Hollywood nos dan un mensaje sobre lo que es el matrimonio, pero ¿qué es realmente de acuerdo a Dios?. El matrimonio NO es un contrato social, sino una unión espiritual, un pacto que es sagrado entre un hombre y una mujer (Mateo 19:4-5). Un contrato puede ser anulado, pero un pacto es un compromiso permanente. El momento que dos personas caminan por el pasillo de la iglesia para casarse, esa es la última vez que son individuos ante los ojos de Dios. Cuando declaran ese pacto, se vuelven inseparables. Dios los ve a ambos como uno solo. El matrimonio existe para glorificar y honrar a Dios y todo lo que Él creó tiene un propósito. Él creó y diseñó todo con una intensión. Dios no comete errores. Él diseñó el matrimonio con un propósito específico.

La gente se casa por distintas razones. Muchos se casan para huir de una situación, huir de su casa, o simplemente con el fin de ser *feliz*. Pero la verdad es que el ser *"feliz"* es más bien un beneficio del matrimonio. No debería ser una meta a la cual se quiere llegar, es decir casarse buscando la felicidad. Yo me casé con la falsa expectativa de que mi cónyuge me hiciera feliz. ¡Error! Ser feliz es una decisión y es un resultado de lo que tú inviertes en tu matrimonio. Ser feliz es nuestra propia responsabilidad no la de tu cónyuge. Cuando uno no conoce su identidad en Dios, entonces constantemente estarás buscando que alguien más te haga feliz. He escuchado personas que se casan simplemente porque se les llego la hora, porque no quieren que "se les pase el tren", porque quieren tener hijos, porque están aburridos de estar solos, porque están huyendo de los problemas de su casa. ¡En fin! El propósito del matrimonio va más allá de esas razones. La razón principal por la que el matrimonio es importante para Dios es porque forma parte de su plan ordenado para proporcionarle al mundo una imagen de su amor. Se trata de dar y no de quitar. Muchos nos casamos con esta mentalidad. Esto es un concepto muy equivocado con el que vamos al matrimonio.

> *Ser feliz es una decisión y es un resultado de lo que tú inviertes en tu matrimonio.*

Negociando y viendo que obtendremos del cónyuge para que nos haga feliz. Pero cuando se trata de dar, de aportar en alguna área, no estamos dispuestos porque estamos llenos de ego. Queremos hacer todo a nuestra manera demandando de ellos lo que queremos. Si estamos siempre enfocados en nosotros mismos, no seremos felices. Dios nos enseña en su Palabra en **Hechos 20:35** *"..es mejor dar que recibir."* Nuestra mentalidad debe ser una que piense en cómo puedo dar, ayudar o aportar. Y no de quitar o tomar ventaja. Debemos mostrar el carácter de Cristo en todas las áreas de nuestra vida y eso incluye el matrimonio.

Hoy en día existe tanta confusión con respecto al matrimonio. Debemos guiarnos por lo que nos enseña Dios en su Palabra, y no en lo que dicen las revistas, la televisión, o tus emociones. El conocer y aplicar los principios bíblicos en nuestro matrimonio nos darán un fundamento sólido, y será muy difícil ser conmovidos cuando vengan los vientos fuertes de problemas. La Palabra de Dios es un manual de vida y cuando nos guiamos por lo que nos enseña, nos dará un sentido de dirección. El diseño original de Dios para el matrimonio es mostrarnos su amor, es una unión de pacto que Él mismo diseñó para permitirle a ambos vivir plenamente su propósito divino como seres humanos. Dios es nuestro Creador, y todo lo que Él crea tiene un propósito divino y especial.

Hoy, los matrimonios viven bajo el mismo techo pero en división, sin común acuerdo, sin respeto, sin sumisión y sin amor. Es difícil ver y experimentar el verdadero propósito del matrimonio cuando no sabemos ni e ntendemos su raíz y su diseño original el cual proviene de Dios.

Varón y Hembra

El matrimonio fue diseñado entre un hombre y una mujer. **Génesis 1:27 y 28** dice: *"Y creó Dios al hombre a su imagen, a imagen de Dios lo creó; varón y hembra los creó. Y los bendijo Dios, y les dijo: Fructificad y multiplicaos; llenad la tierra."* Vivimos en medio de una sociedad que va evolucionando e insisto, hay demasiada confusión. Hay personas que me han escrito en las redes sociales sobre sentir atracción por el mismo sexo, algo que "no pueden evitar." Estos son temas que podemos ocupar un libro entero, pero seré simple. La Biblia lo dice muy claro y NO podemos llamar blanco a lo negro o negro a lo blanco. Sé que muchas personas sienten confusión de esto y mi oración es que podamos alinear nuestra perspectiva a la de Dios y haya una fuerte convicción para dejar lo que pensamos o sentimos. La homosexualidad no viene de Dios, es una confusión que el enemigo ha traído para desviarnos y sacarnos del propósito. Al obedecer a Dios viviremos una vida plena en Él y experimentaremos la verdadera felicidad que perdura.

Quizá tú sientas confusión sobre tu sexualidad. Sin embargo, nunca se encontrará la verdadera felicidad y plenitud en la vida, porque ese no fue el diseño original de Dios. Quizá tú sientas inquietudes dentro de ti y nadie lo sepa, pero Dios siempre está listo para ayudarnos y levantarnos. Ofrécele a Dios tu vida completa y tu sexualidad y veras lo que puede hacer. Te invito hacerlo ahora.

Oración:

Amado Padre, te entrego mi vida entera y todas las confusiones que siento sobre mi sexualidad. Perdón por mis pecados, me arrepiento con todo mi corazón. Sana las heridas de mi alma y las marcas que me causó el pasado. Arma las piezas de mi corazón. Mi deseo es honrarte y vivir una vida que refleje tu amor en mí. Confieso mi pecado, me aparto y declaro que soy libre en el nombre de Jesus. Amén.

Si tú fuiste abusado sexualmente en tu niñez yo quiero animarte a buscar consejería profesional en tu Iglesia local o alguna Iglesia que conozcas que tenga buenos consejeros preparados y ungidos para ayudarte en esto. Dios es un Padre maravilloso, te está esperando y está listo para impulsarte a ser todo lo que originalmente fuiste formado para ser y hacer.

Dios Y La Unión Libre

Hay muchas personas que me escriben a menudo con una variedad de problemas grabes en su relación. Se preguntan porqué su relación va de mal en peor y no logran ver restauración y bendición. En esta sección quiero hablar de un factor importante que influye en que nuestra relación tenga éxito o fracase. Me sorprendió que muchas de las mujeres que me han escrito NO están casadas. Sé que esto es común para muchos, pero si queremos la bendición de Dios en todo, debemos obedecer lo que nos enseña en su Palabra y alinearnos a lo que nos pide. De otra forma, el enemigo encontrará una puerta abierta y tendrá derecho legal para destruir la relación y todo lo que pueda. Efesios 4:27 dice: *"y no den lugar al diablo."* Algunas viven con una pareja en unión libre, otras tienen hijos con su pareja y nunca se casaron, algunos hombres tienen más de una pareja. Quizá esto no aplique a tí pero quiero tocar este tema ya que debe ser aclarado. Mi oración es que seas bendecida en tu vida personal y matrimonial. Lamentablemente en muchas áreas de nuestra vida vivimos en desobediencia sin estar apercibidos. Quizá porque así creciste en tu casa, porque eso fue lo que viste, nadie te enseño, porque no sabes lo que Dios dice sobre eso, o cualquiera sea la razón. La realidad es que nuestros actos siguen teniendo consecuencias, y debemos vivir en la verdad de Dios y lo que El nos enseña para poder tener éxito en nuestro matrimonio y nuestra vida. El no saber la verdad y aplicarla, no significa que nossalvaremos de las consecuencias. Cuando empece a apercibirme de que las personas que me escribían vivían en unión libre, y me preguntaban porque todo es caos en sus vidas y no saben que hacer; me sentí responsables de hablarles con la verdad y añadir esta sección en este capítulo. **Proverbios 14:12** dice: *"Hay camino que al hombre le parece derecho; pero su fin es camino de muerte."* No es que escojamos intencionalmente el camino de muerte o destrucción, más bien eso es lo único que conocemos y pensamos que ese camino es bueno, y lo seguimos basado en nuestra intuición o sentir pero al final nos damos cuenta que todos nos comienza a salir mal y cosechamos consecuencias muy dolorosas.

Aveces pensamos que estamos bien porque es lo que la intuición nos dice, lo escuchamos de nuestra amiga, porque lo leímos en una revista, o simplemente porque fué lo que vimos y aprendimos en nuestro hogar cuando eramos pequeños. Pensamos que estamos haciendo bien, y al final nos encontramos con caos y fracasos. Entonces la gente culpa a Dios por "no escuchar sus oraciones y responderlas" cuando en realidad vamos en contra de lo que El nos instruye y El no puede ir en contra de su Palabra.

vamos en contra de lo que nos instruye y Él no puede ir en contra de su Palabra. Entonces al quebrantar esos principios de Dios, el resultado será cosechar las consecuencias de nuestras propias acciones y decisiones. Vivir con una persona antes del matrimonio quebranta lo que nos enseña la Palabra de Dios. Todo tiene un orden, y cuando se sigue ese orden entonces hay bendición y experimentamos la verdadera felicidad. Hoy en día en nuestra sociedad el vivir con el novio o la pareja antes del matrimonio se ve muy normal. Cuando se vive así NO hay compromiso. Recibí un mensaje en mis redes sociales sobre una chica que me hizo unas preguntas sobre esto precisamente. Ella me explicó lo frustrada que estaba en su relación, los engaños que estaban viviendo y la falta de seriedad de su pareja en esta relación. Ella quería saber si estaba bien vivir con su pareja sin estar casados para ver si funcionaría. Entonces empece a explicarle. Cuando estamos viviendo con alguien fuera del matrimonio, no hay compromiso, vamos en contra de lo que Dios nos enseña, acarreamos maldición y no encontraremos felicidad duradera. Todo será momentáneo. **Hebreos 13:4** dice: *"Tengan todos en alta estima el matrimonio y la fidelidad conyugal, porque Dios juzgara a los adúlteros y a todos los que cometen inmoralidades sexuales."* Dios quiere que tú experimentes esta felicidad que es duradera con tu cónyuge en el matrimonio. No existe nada impuro con las relaciones sexuales e intimas dentro del matrimonio pero hay juicio para aquellos que están en inmoralidad sexual y fuera del matrimonio. Lo lindo es que en Dios hay perdón y quiere guiarnos a vivir una vida segura en Él. I Corintios 5:11 nos dice que Dios está dispuesto para lavarnos y santificarnos de nuestros pecados. Si tú estas viviendo en unión libre quiero animarte a tomar una decisión y hacerlo a la manera de Dios para que puedas experimentar esa vida en abundancia que nos habla la Biblia. Dios está dispuesto a perdonarnos y enseñarnos. Habla con tu pareja y explícale que tu deseo es vivir una vida que honre a Dios dentro del matrimonio. Toma acción y comienza a vivir como Dios lo pide porque es lo mejor y veras los frutos de inmediato. Obviamente no uses esto como oportunidad para manipularlo a casarse contigo ni nada al respecto. Debes comenzar a orar a Dios por todo esto, tener la seguridad de que Él cuidara de ti, y permitir que Dios te de la sabiduría para hablar con tu pareja. Si tú estas dispuesta a vivir una vida que honre a Dios con tus actos, tus decisiones y tu manera de vivir, créeme que Dios se va a encargar de todo. Sé que esto es difícil para muchas mujeres porque tienen miedo de estar solas, miedo que te deje tu pareja y piense que has perdido la razón, o dependen de esa persona para ser "feliz" o sentirse completa. Sin embargo, debes tomar una decisión: o seguir tu camino tomando tus propias decisiones y cosechando las consecuencias o hacerlo a la manera de Dios y experimentar sus bendiciones. Decide y ora al respecto. Una vez que hables con tu pareja sobre esto, te darás cuenta de su seriedad y compromiso. Si en verdad te ama y te respeta, entonces aceptará hacerlo a la manera de Dios y tomará una decisión de hacer lo correcto. No porque todo el mundo lo hace quiere decir que eso es lo correcto. El mundo está evolucionando constantemente y muchas cosas van en dirección incorrecta. Pero la Palabra de Dios es perfecta y nunca cambia. Hoy en día vemos que el pecado aumenta cada vez más y es más aceptado en nuestra sociedad. Debemos volver a lo que dice su Palabra, y de nuevo quiero enfatizar lo importante y vital que es que te dirijas y tomes

> *Debemos ir a la raíz del problema*

decisiones basados en Dios y su Palabra versus lo que dice el mundo y la sociedad. Si uno sigue esos principios bíblicos, tendrás éxito en tu matrimonio. Mira lo que dice **Deuteronomio 28:1-2** *"Acontecerá que si oyeres atentamente la voz de Jehová tu Dios, para guardar y poner por obra todos sus mandamientos que yo te prescribo hoy, también Jehová tu Dios te exaltará sobre todas las naciones de la tierra. Y vendrán sobre ti todas estas bendiciones, y te alcanzarán, si oyeres la voz de Jehová tu Dios."* Entonces aquí dice que "todas estas bendiciones te alcanzaran."

Creo firmemente lo que dice este versículo. Cuando se vive en unión libre, es como si los cielos se cerraran. Debemos ir a la raíz del problema, muchas veces queremos arreglar los síntomas de lo que sucede en nuestra vida pero no vamos a la raíz para arreglar y alinear eso. Entonces muchas mujeres me escriben y me dicen: "Glenda mi pareja está con otra, o me engaña, no me respeta, peleamos mucho, no tenemos trabajo." Les pregunto y me doy cuenta que viven en unión libre pensando que es algo normal y que Dios lo aprueba. Es importante conocer la verdad. Debemos escudriñar la Palabra de Dios, nuestro manual, el cuál nos enseña todas estas cosas. Es tan importante como creyentes estudiarla. La Palabra es inspirada por Dios y es útil para enseñar, para redargüir, para corregir, y para instruir en justicia (2 Timoteo 3:16). En la Biblia encontraremos todas las respuestas que como seres humanos tenemos. Dios quiere enseñarnos e instruirnos pero debemos acercarnos a Él primero y entonces se acercara a nosotros (Santiago 4:8). Te animo a hacerlo a la manera de Dios. Será lo mejor.

El Matrimonio de Acuerdo a la Sociedad

Hoy en día la sociedad, Hollywood, la televisión y las revistas nos presentan el matrimonio muy diferente al diseño de Dios.

Cuando no seguimos el diseño de Dios, el cual es el original, vamos a experimentar un fracaso total en áreas del matrimonio o en la relación completa. Cuando un matrimonio esta fundado en Dios, y se busca el propósito de Dios como pareja, entonces todas las cosas se alinean como el ser feliz, el amor y la satisfacción en el matrimonio. Dios diseñó el matrimonio para que dure. Hoy en día las estadísticas muestran números impactantes sobre el divorcio. Un gran porcentaje de matrimonios terminan en divorcio. Esto afecta seriamente a nuestra familia y sociedad. Como resultado del divorcio vemos familias disfuncionales e hijos sin identidad en nuestra comunidad. El matrimonio es algo maravilloso que Dios creó y es el fundamento más firme que puede existir para construir una familia. Hay un gran potencial en el matrimonio que está unido y que tiene a Dios como centro de la relación. Es imposible lo repito, tener un matrimonio exitoso cuando Dios no es el centro de la relación. Vivimos en una sociedad donde lo que antes no era aceptable, ahora es aceptable. A lo bueno le llaman malo y a lo malo bueno. Son tiempos peligrosos así que debemos estar hoy más que nunca en sintonía con el corazón de Dios. La generación del hoy es una generación sin compromiso, una generación que busca lo suyo, su propio interés. Busca que todo gire alrededor de la persona, alimentando el "yo" y sus intereses.

Esta generación busca lo suyo sin ceder y sin corresponder. Y he aquí uno de los más grandes errores y causas de tantos divorcios y separaciones en el mundo entero. **I Corintios 13:4** dice que el amor no es egoísta. Por ahí escuche una vez "la generación del microondas" todo lo queremos YA, ¡ahora mismo! Y si no funciona, lo botamos. Se vive de una manera muy egocéntrica, todo lo queremos para beneficio de nosotros mismos y no del cónyuge. El enemigo trae muchas tentaciones y retos a nuestro matrimonio para separarlo y abortar el plan que Dios tiene para uno y para el matrimonio. El enemigo siempre atacará la unidad con la división porque sabe que algo clave para afectar nuestra sociedad y el mundo hoy en día positivamente, es teniendo un matrimonio con un fundamento solido en Dios, así como Él lo estableció desde el principio. Todo comienza en un matrimonio entendiendo nuestra responsabilidad como individuo, como ser humano, y como hijos de Dios. Entendiendo nuestra función, llevándola acabo y tomando una iniciativa provocando ese cambio en nuestro matrimonio. Es triste saber que la sociedad en la que vivimos esta sufriendo, me duele leer mensajes en mis redes sociales tales como: *"Glenda no veo la luz creo que llegué a mi final. Mi vida no tiene sentido. Mi matrimonio no tiene esperaza. Me enamoré de otra persona. Odio a mi coónyuge. Mi esposa me engañó. Mi esposo me dejo. No soy feliz en mi matrimonio."*

Te Reto

Quiero retarte a alinear tu perspectiva a la de Dios. Piensa en lo maravilloso que tu matrimonio puede llegar a ser si viven en obediencia a Dios y colocan los principios de su Palabra en el centro de su relación. Hay tantas bendiciones de las que nos perdemos por seguir aferrados a vivir en orgullo, en rencor, en falta de perdón, en venganza, y desobediencia. Sé que hay áreas que debemos ajustar en nuestra vida y nuestro corazón. En los próximos capítulos estaré explicando más sobre esto. Si estás cansado de vivir tu vida llena de cargas, sin esperanza para tu matrimonio, si no eres feliz en tu relación y te gustaría dar el paso rumbo a esa vida que Dios ofrece para el matrimonio, quiero que sepas que hay esperanza en Dios. ¡Nada es imposible para Él!

Oración:

Padre Celestial, estoy dispuesto a vivir una vida que te honre. Te entrego mi vida y mi matrimonio. Enséñame a vivir en amor y respeto. Perdón por mi manera egoísta de vivir, por apuntar los errores, juzgar y culpar a mí cónyuge en lugar de verme a mi primero. Estoy lista para empezar una vida nueva en ti, te entrego mi matrimonio. Ayúdame a ver como tú ves, quita la venda de mis ojos espirituales. Reconozco que solo tú puedes ayudarme. En el nombre de Jesus.

Amén.

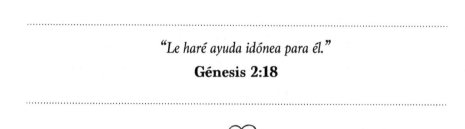

"Le haré ayuda idónea para él."

Génesis 2:18

Capítulo 5

La Funsión de la Mujer

Cuando me case, no sabía cual era mi función o mi rol en el matrimonio. Mi mentalidad era una esperando siempre algo de mi esposo, en lugar de servir y dar. Como mencioné anteriormente, me case con una falsa expectativa esperando que él me hiciera feliz. Los dos primeros años fueron muy frustrantes en nuestro matrimonio. Cuando uno no conoce su función, hay caos. Entiendo que muchas personas fueron criados en hogares donde no vieron de sus padres un ejemplo a seguir. Y como resultado ahora en su matrimonio no conocen su rol o función y hay problemas. Cuando no conoces tu función, entonces no puedes operar efectivamente. Todo lo que Dios creo lo diseño con un propósito original para operar específicamente para lo que fue creado. Al momento de asumir una función diferente a la que fuiste creado, es donde comienza el problema. En el matrimonio, cada uno tiene diferentes expectativas, no saben comunicarse y no entienden la batalla espiritual que sucede entre los dos.

Hoy más que nunca en la historia, tanto la mujer y el hombre necesitan saber su verdadera función en el matrimonio. Hay tanta confusión con respecto a esto, ya que hoy en día por ejemplo, hay mujeres que piensan que vivir un matrimonio como el que nos enseña la Biblia es algo fuera de "moda", algo antiguo y aburrido. La Biblia es nuestro manual de vida, es la instrucción que nos fue dejada, es la respuesta a nuestras preguntas. Es el diseño original que Dios nos dejo sobre el matrimonio. Mateo 24:35 dice: *"El cielo y la tierra pasarán, pero mis palabras no pasarán."*

Es decir que su Palabra es la misma ayer, hoy y siempre. No son opiniones, ¡es la verdad absoluta!. La Palabra, la cual es inspirada por Dios, nos enseña sobre la función que cada uno tiene en el matrimonio. Hablemos abiertamente. Yo no conocía mi función, para ser honesta, no sabía ni quien era en mi vida cuando me case. Cuando empezaron los problemas en mi matrimonio, peleábamos por lo que sea. Vivíamos cada uno sin un propósito en la vida, sin una visión, sin saber que sería de nuestro futuro. Tampoco quiero darte la impresión de que pasábamos peleando todo el tiempo. La realidad es que nuestro matrimonio estaba vacío y sin propósito. No conocíamos nada sobre el matrimonio.

Estoy agradecida con Dios porque permitió que a través de esos problemas, los cuales me despertaron en la vida, me dieron la oportunidad de cambiar mi perspectiva y me acercaron a Dios no de labios solamente, sino de corazón. Me ayudó a entender y comenzar una vida matrimonial diferente, una de acuerdo al diseño original de Dios. Estos problemas y retos en el matrimonio me inclinaron más a Dios y a buscar su dirección para ser esa mujer que mi esposo necesita. El no conocer tu función en el matrimonio, llevará la relación a un fracaso, a una vida vacía, monótona y sin sentido. Y tarde que temprano, comenzaran los problemas. La verdad al principio, sin nada de conocimiento sobre lo que Dios pedía de mí en el matrimonio, tenía una mentalidad equivocada y egoísta. **Proverbios 14** dice: *"La mujer sabia edifica su casa; más la necia con sus manos la derriba."* Tomé la decisión de cambiar, darle todo a Dios y comenzar a estudiar más sobre mí función como esposa.

Ayudar

La Biblia hace un énfasis específico en cuanto a esta responsabilidad como esposa. Génesis 2:18 dice: *"No es bueno que el hombre esté solo; le haré ayuda idónea para el."* Aprendí algo que me pareció demasiado interesante como para no incluirlo en este capítulo. La palabra hebrea que ha sido traducida como "ayuda" es *ezer*, su raíz es *"azar"*, y su significado es *rodear, proteger, defender, ayudar.* Lo que es muy interesante para mí es que el uso de la palabra *ezer* en el Antiguo Testamento muestra que en la mayoría de los casos Dios es *ezer* a la humanidad. *Ezer* se aplica a Dios mismo. "Ayudar" a alguien supone compensar lo que le falte de fuerza. La mujer entraña esa ayuda tan particular y especial, ayuda idónea y fuerte. El hecho de que esta misma palabra *ezer* sea usada para la mujer, implica que nosotras como mujeres se nos ha dado una capacidad tremenda para ayudar a nuestro marido. Dios diseñó a la esposa para ayudar a su marido a cumplir su propósito y ser todo lo que Dios intencionó para que él sea en la vida. Así que entendí que mi función como esposa es AYUDAR a mi esposo a ser todo lo que Dios lo llamó a ser. Mi esposo cambió mucho cuando él vio que comencé a actuar diferente y con esta perspectiva. Y sé que no es por mí, solo por la gracia y misericordia de Dios que me ayudo a ver las cosas diferentes. Cambiar mi actitud, amar a mi esposo por quien él es, y decidir ayudarlo y apoyarlo en todo lo que este de mi parte para que alcance su máximo potencial. En nuestros tiempos de comunicación yo le dije que mi deseo era verlo cumplir y vivir en el propósito de Dios en su vida, y yo estaba ahí para ayudarlo en todo lo que pudiera. Entonces una de nuestras funciones como esposas es ayudar, no ser una carga para ellos. Ellos deben sentir que cuando llegan a casa encontrarán una esposa a la que le pueden confiar y no les juzgará.

Quizá esto puede ser muy difícil para ti porque ya has brincado líneas de respeto, sin embargo quiero decirte que es posible. En mi caso, yo NO era ayuda para mi esposo porque no sabía mi función. Siento que más bien era una carga. Es lamentable pero sé que la mayoría de las veces, mi esposo no tenía deseos de llegar a la casa a una esposa que le recibiría quejándose y discutiendo. Pero Dios conoce el corazón, y todo lo que debemos hacer es estar dispuestos al cambio, rendirnos a Él y poner todo de nuestra parte. Si tú te comprometes con Dios a cambiar y ayudar a tu esposo, Él te dará la gracia para lograrlo. Comienza lo antes posible cambiando de tu parte cosas que sabes que debes cambiar. Puede que tome algo de tiempo, pero lo importante es empezar ahora.

Respetar

Efesios 5:33 *"..la mujer respete a su marido."* Constantemente recibo mensajes en mis redes sociales sobre el tema del respeto. Me preguntan: ¿Cómo puedo respetar a mi esposo cuando él no me respeta?. Y quizá esta puede ser tu situación. Quizá emocionalmente ya no hay nada en tu relación desde hace años, te hable mal, te critica, no te entiende y te hace sentir inferior. Quizá es malo e injusto contigo, se olvida de todo y no te toma en cuenta.

Pueden ser diferentes razones como también salir demasiado con amigos al punto de descuidar la relación matrimonial o ya no te pone atención como antes y ya no hay confianza. Al decir todo esto no me estoy refiriendo a un cónyuge que abusa físicamente o emocionalmente. Si tu matrimonio ha llegado al abuso físico, necesitan buscar ayuda lo antes posible. Cuando determiné cambiar en mi vida, sobre todo en el área del matrimonio, la verdad es que todos los cambios que tenía que hacer me intimidaron. Pensé que sería imposible cambiar todas esas cosas. Y la verdad es que es imposible si lo intentamos hacer por nuestra propia cuenta. Necesitamos a Dios, necesitamos su gracia y su ayuda. Nosotros como seres humanos somos débiles y vamos a fallar pero Dios nos da su fuerza en medio de nuestra debilidad. Recuerda que con Dios es posible. (2 Corintios 12:10)

¿Y qué es respeto? La definición que encontré en la internet es: *"Consideración, acompañada de cierta sumisión, con que se trata a una persona o una cosa por alguna cualidad, situación o circunstancia que las determina y que lleva a acatar lo que dice o establece o a no causarle ofensa."* El respeto no quiere decir que vas a dejar que tu esposo haga lo que quiera contigo, te trate sin valor y te pisotee como un tapete en la puerta. No significa que tienes que idolatrar a tu cónyuge.

Respetar a tu esposo no significa que ahora eres insignificante, que ya no eres importante y que tienes que pasar por alto asuntos entre ustedes que deben hablarse. Respeto significa honrar la dignidad de la otra persona, y reconocer el valor que Dios puso en él como ser humano. Respeto es valorarlo, valorar su opinión, y considerar sus necesidades. Respeto es NO tratarlo como una persona inferior a ti, ni tratarlo como a un niño y como si sus opiniones o preferencias no importan. Entiendo que hay cosas que el esposo también debe cambiar, sin embargo hay co-

> *Respeto es valorarlo, valorar su opinión, y considerar sus necesidades.*

sas que la mujer está haciendo que influyen para que el esposo sea de cierta manera. Quizá tu esposo es como es porque tú no has tomado tu rol. Puede ser que te perdió el respeto porque tú también has brincado esa línea y no le muestras respeto. Y con esto tampoco defiendo al esposo, pero es importante que nosotros como mujeres tomemos iniciativa y ejerzamos la función original de esposa porque toda causa tiene un efecto. Hablando y conviviendo con mi esposo me di cuenta que el hombre tiene diferentes necesidades como el ser escuchado, tener compañerismo con su esposa, ser necesitado en este caso por su esposa y su familia.

Para mí, el satisfacer necesidades como estas para mi esposo, es una forma de respeto. Todo esposo necesita una esposa que le anime, le apoye, que crea en él y lo aprecie. Al hombre en general no le gusta que una mujer le mande, o una mujer manipuladora. El hombre busca respeto. Si no hacemos esto, estamos fallando en nuestra función.

Los esposos se sienten respetados de muchas maneras:

- Al elogiarlo
- Al apreciarlo
- Al pedir su opinión
- Al comprarle algo que le guste
- Al no tratarlo como un niño
- Al evitar quejarse y murmurar
- Al evitar discutir con él
- Al no corregirlo y menos en público
- Al hablarle con un tono amable
- Al hacer contacto visual mientras lo escuchas
- Al acompañarlo hacer algo que le gusta
- Al no controlar o manipular

Amar

Tito 2:4 dice *"..que las mujeres amen a sus maridos.."* ¿Cómo es posible amar a tu cónyuge cuando tienes un corazón lleno de dolor, resentimiento y enojo? Esta es una de las muchas preguntas que seguido recibo en mis redes sociales, y la pregunta que yo también me hice varios años atrás. Para mi era muy difícil pensar amar a mi esposo cuando mi corazón estaba lleno de ofensas y heridas. No puedes dar lo que no tienes. Damos y ofrecemos solo lo que tenemos. Si tienes dolor en tu corazón, causaras y mostraras dolor. Yo no sabía amar.

I Juan 4:8 dice: *"El que no ama, no ha conocido a Dios; porque Dios es amor."* Yo crecí en la Iglesia, he asistido toda mi vida. Sin embargo no conocía el verdadero amor de Dios y no operaba en él. El amor que proviene de Dios, el que sana las heridas, el que te abraza, el que perdona, el que te devuelve la esperaza y la sonrisa. Cuando no conocemos ese amor verdadero el cual proviene de Dios, entonces no podremos darlo ni ofrecerlo a otros. Primero, debemos experimentar su inexplicable e infinito amor, sanar nuestro corazón y entonces podremos amar. Tuve que encontrarme con ese amor de Dios, rendirme por completo, y Él comenzó a trabajar con mi corazón.

Dios es la vid verdadera, Él es la fuente inagotable y necesitamos ser saciados todos los días. Para mí, en mis fuerzas era imposible mostrar y dar amor a mi esposo todos los días y a mi hija (mi primogénita). Hay demanda constante de los hijos y del esposo. Ellos necesitan de nosotras y de nuestro amor. Puede ser agotador, sin embargo la solución a esto es llenarnos constantemente del amor de Dios para poder darlo. Te invito a experimentar el amor de Dios en tu vida, a conocerlo de cerca. Hay personas buscando amor en cosas, personas o lugares equivocados. Nada nos saciara ni nos llenará, solo el amor de Dios que llena todos los vacíos de nuestro ser. Entonces podremos amar. El amor es una DECISIÓN, no un sentimiento o emoción. Es una acción y una elección. Uno ama porque escoge hacerlo aun cuando hemos sido lastimados. El amor no quiere decir que va a borrar el pasado, pero lo que si hace es que hace diferente el futuro. Uno decide mostrar amor cada día de diferentes maneras. En lo personal, llenar la necesidad de amor de mi esposo es una decisión que hago todos los días. Y sé que mi esposo hace lo mismo. De esta forma, nuestras necesidades emocionales son satisfechas y los dos vivimos con tanques llenos, satisfechos y con un matrimonio floreciente y unido. Y la unidad es el producto de operar en el verdadero amor. **I Corintios 13:4-8** *"El amor es paciente, es bondadoso. El amor no es envidioso ni jactancioso ni orgulloso.*

No se comporta con rudeza, no es egoísta, no se enoja fácilmente, no guarda rencor. El amor no se deleita en la maldad, sino que se regocija con la verdad. Todo lo disculpa, todo lo cree, todo lo espera, todo lo soporta. El amor jamás se extingue, mientras que el don de profecía cesará, el de lenguas será silenciado y el de conocimiento desaparecerá."

Someterse

Colosenses 3:18

"Esposas, sométanse a sus esposos"

Hay diferentes perspectivas con respecto a este tema y sé que muchas mujeres se molestan al hablar de la sumisión. Primero, Dios nos llama a someternos unos a otros (Efesios 5:21). Nuestro corazón como hijos de Dios debe ser uno que se somete y que se dedica a honrar a otros. Hay muchas personas que tienen un problema con el someterse. En cuanto al matrimonio, el orden que Dios estableció es que el hombre sea la cabeza, que guíe y que la esposa siga. *"Ahora bien, quiero que entiendan que Cristo es cabeza de todo hombre, mientras que el hombre es cabeza de la mujer y Dios es cabeza de Cristo."* (I Corintios 11:3). La Biblia nos enseña que hay un orden. El esposo rendirá cuentas a Dios sobre su liderazgo y decisiones; y la esposa rendirá cuentas por cómo sigue ese liderazgo. Ahora, el liderazgo del hombre no quiere decir que no tienes voz ni voto en nada.

Como esposas podemos ayudarlos a tomar decisiones, orar por ellos y ofrecerle un consejo sabio (Proverbios 31:26). Muy seguro no estarás de acuerdo con absolutamente todo lo que tu esposo decida, y por eso es que tu confianza siempre debe estar depositada en Dios. Cuando esa confianza está firme en Él, será más fácil someterte a tu esposo aún cuando hay desacuerdos porque sabes que Dios tiene el control de todo. Es muy importante orar por el esposo para que Dios dirija su vida y sus decisiones sean correctas. La sumisión debe ser en el temor de Dios. Cuando uno no teme a Dios, no se puede someter a ninguna otra autoridad y vive en rebeldía. Cuando uno como esposa no se somete, automáticamente queda fuera de la cobertura espiritual y nos exponemos a ataques espirituales. Cuando caminamos en obediencia, sometidos al liderazgo y estamos bajo autoridad, caminamos protegidas. El someterse es una decisión. Nadie lo hará por ti. Quizá tú digas "Mi esposo no coopera, tiene una actitud pésima, no me valora, no es cristiano así que no tengo que someterme a él." Me gusta que la Biblia tiene una respuesta para todo. En I Pedro 3:1-2, escribió lo siguiente justo a las mujeres que estaban en una situación como esta. *"Así mismo, esposas, sométanse a sus esposos, de modo que, si algunos de ellos no creen en la palabra, puedan ser ganados más por el comportamiento de ustedes que por sus palabras, al observar su conducta íntegra y respetuosa."* Esto fue lo que paso en mi matrimonio. Mi esposo se acercó más a Dios cuando deje de decirle lo que tenía que hacer y vio un cambio en mi actitud y comportamiento. Hay mujeres que usan la Biblia para juzgar, manipular y apuntar los errores del cónyuge y eso debe parar de inmediato. Eso intensificará el problema en la relación. La sujeción a tu esposo habla más que millones de palabras. Muchas quieren imponer y mandar al esposo, forzarlos a ir a la iglesia, a cambiar y a hacer ciertas cosas. Ellos no quieren hacerlo y quizá apropósito ellos dan más la contra. Muchas veces no es necesario decir y decir las cosas, simplemente actuar correctamente y dar un buen ejemplo con nuestra manera de ser. Otra cosa importante es asegurarnos que seguimos primero el consejo del esposo. Hay mujeres que dicen "mi esposo no es cristiano, no toma decisiones basadas en Dios" y por esta razón nunca lo toman en cuenta y van buscando el consejo de otras personas. Por ejemplo: Supongamos que tienes un plan de ir a algún lugar. Pero antes debes consultar con tu esposo, pero el te dice que no vayas porque quiere pasar tiempo contigo. Entonces le dices a tu líder y él te dice que hagas lo contrario. Ahí habrá conflicto, y aunque estemos en desacuerdo con el esposo, la Biblia nos indica que debemos someternos al esposo.

Efesios 5:22 es específico y explicito "sus propios esposos" *primero* antes que a alguien más.

NOTA IMPORTANTE: Quiero aclarar que la mujer no tiene que someterse cuando el esposo le pide hacer algo que va en contra de la voluntad de Dios. Cuando le pide hacer algo que es ilegal o inmoral entonces si debe ir y buscar ayuda con un pastor, lider o alguien con sabiduría que ha sido entrenado para ayudar en la situación y recibir el consejo que le den. El amar, perdonar, respetar y someterse no significa que te convertirás en alguien que van a pisotear o que tienes que tolerar comportamientos destructivos de abuso o decisiones que van en contra de la voluntad de Dios.

Edifica La Casa

Proverbios 14:1

"La mujer sabia edifica su casa; más la necia con sus manos la derriba."

¿Estás edificando o derribando? Tenemos la elección de decidir cual hacer. Dios ha puesto "influencia" en las mujeres. Podemos influir para bien o para mal. Nosotras somos las que establecemos una atmósfera linda en el hogar y las que animan a su esposo. Si operamos en el verdadero rol que nos corresponde como mujer y esposa, entras en el orden y el diseño original de Dios.

Y donde hay orden hay bendición en todas las áreas. Tú eres colaboradora con tu esposo, la mujer fue asignada por Dios para que sea una bendición.

Proverbios 18:22 dice: *"El que halla esposa halla el bien, y alcanza la benevolencia de Jehová."*

Como mujeres, hemos sido llamadas y asignadas a ser bendición al esposo y no una carga o dolor de cabeza. Quiero animarte a NO enfocarte en las debilidades de tu esposo, sino que te presentes en oración a Dios soltando tus cargas y cualquier dolor y ofensas que haya en tu corazón, permitas que te sane y te ayude a empezar a ejercer tu función como esposa y ayuda idónea. Te invito a entrar en alineamiento en todas estas áreas de tu vida, y veras que las cosas comenzaran a cambiar. Quizá sea rápido o quizá se demore, pero la respuesta llegará. Lo que me ayudo mucho al empezar a funcionar de esta manera, fue que entendí que todo esto debo hacerlo como para Dios. Pensar que al que me estoy sometiendo es a Él y todo lo que hago para mi esposo es como para Dios. Que mi esposo representa esa autoridad y liderazgo que Dios estableció. Pero sobre todo, que lo que hagas, lo hagas de corazón y no de mala gana. Que sepas que lo que decides ahora: el respetar, amar, ayudar y someterse al esposo, sea algo que haces desde tu corazón y no con una mala actitud solo porque sabes que tienes que hacerlo.

Al principio quizá será difícil, pero con la ayuda y la gracia de Dios es posible y créeme, yo jamás me imagine que la relación con mi esposo se restaurara después de tanta ofensa que había en mi corazón. La verdad no me veía amando a mi esposo o siendo equipo con él. Es por eso que clame a Dios, pedí su ayuda y Dios obró. Él sabe como lo hará, todo lo que tú tienes que hacer es tu parte, lo demás no te preocupes, Dios lo hará.

Oración:

Señor Jesus, te pido perdón por mi actitud y mi comportamiento hacia mi esposo. Reconozco mis errores. Te entrego mi corazón herido y cualquier ofensa que he guardado. Confieso mis errores y te pido que me des un corazón nuevo y sensible a tu instrucción. Hoy decido cambiar. Dame tu gracia y favor para ejercer la función original como esposa. Renuncio a toda colaboración con el enemigo que viene a dividir mi matrimonio. No seré un instrumento usado para la división, declaro que soy tu hija, soy bendición y mi matrimonio será restaurado. En el nombre de Jesús.

Amen.

La Funsión de la Mujer

"Porque no tenemos lucha contra sangre y carne, sino contra principados, contra potestades, contra los gobernadores de las tinieblas de este siglo, contra huestes espirituales de maldad en las regiones celestes. "

Efesios 6:12

Capítulo 6

Los Enemigos del Matrimonio

Tu esposo no es el Enemigo.

La Biblia es muy clara, nuestra lucha no es contra sangre y carne, es decir NO es contra personas. Esto incluye tu cónyuge. Muchos en el matrimonio lo ven como un enemigo y no como un aliado. Al momento de estar en desacuerdo, pelean con uñas y dientes y todo lo que tienen defendiendo su punto así sea lo más insignificante y aunque no tengan la razón. Nuestro llamado a nostras las mujeres fue de ser "ayuda idónea" (Génesis 2:18). Ayudar a tu esposo a cumplir su propósito, ayudarlo cuando esta débil, o en lo que necesite. Tú eres un complemento para él y se necesitan ambos para cumplir el propósito de Dios. Créo que esto tiene que ser más bien una revelación a nuestra vida. Por eso es tan importante buscar a Dios con respecto a un cambio en nosotros mismos primero y luego nuestro matrimonio porque hay tantas capas de mentiras y mentalidades que tenemos y esto no nos permite ver la verdad de Dios y su propósito para nuestro matrimonio.

Vivimos engañados, heridos en nuestro corazón y todo esto solo nos hace protegernos más, levantar barreras y nos aleja más del cónyuge. Al continuar leyendo **Efesios 6:12** dice que nuestra lucha es "..*contra principados, contra potestades, contra los gobernadores de las tinieblas de este siglo, contra huestes espirituales de maldad en las regiones celestes.*" Sabemos que debemos estar alerta siempre porque satanás, nuestro enemigo trabaja estratégicamente sin descansar para dividir y destruir tu vida y matrimonio. Para abortar tu destino, y para traer destrucción a todo lo que Dios creo.

Debemos entender que en esta vida estamos en una batalla y tenemos que levantarnos de la pasividad y tomar responsabilidad. Debemos operar en la función que Dios nos dio y retomar nuestro territorio. Entonces tu cónyuge NO es tu enemigo, tu enemigo es satanás, quien esta detrás de todo esto. El que trabaja sin parar atacando tu mente, tus pensamientos, y matrimonio.

El Ladrón

"*El ladrón no viene más que a robar, matar y destruir; yo he venido para que tengan vida, y la tengan en abundancia.*" (**Juan 10:10**) Debemos entender que existe una guerra espiritual y que estamos dentro de ella. El enemigo va a usar lo que sea necesario para atacarte y abortar el plan y destino de Dios para tu vida.

Una ves que le hayas rendido tu matrimonio a Dios, debemos identificar al enemigo y las armas que usa para traer división a nuestra relación. El matrimonio es algo hermoso que Dios creo y es el fundamento más firme para construir una familia. Él creo el matrimonio para que los dos colaboren, trabajen juntos, se apoyen y vayan tras el destino y la visión de Dios. Y esa visión es precisamente el problema que tiene el enemigo contigo. Por eso él lanza todo tipo de anzuelos a tu matrimonio para ver como puede dividirlo. Por eso a esto se le llama DI-VISIÓN. Él quiere dividir e interrumpir esa **visión** de Dios. En mi matrimonio me di cuenta que no estaba ahí para pelear con mi esposo. De hecho, mi esposo era también una víctima de este ladrón que vino a traer división a mi matrimonio. Ese enemigo atacó con mentiras y tentaciones que a cada uno nos esclavizó y nos colocó en prisiones emocionales. Él trabaja arduamente en esto porque sabe el tremendo y poderoso potencial que hay en un matrimonio unido y conforme al corazón de Dios. Esto es una amenaza para él, así que hará lo que sea posible para destruirlo. Cuando entendí esto, deje de pelear con mi esposo. En mi oración diaria le pedía a Dios que me enseñara a identificar las armas que el enemigo usaba para dañar nuestra relación. Oraba que me enseñara a pelear contra ese ladrón y ser una mujer guerrera en la oración.

Que me enseñara a orar por mi esposo, y tomar responsabilidad como una mujer que edifica su casa espiritual en lugar de destruirla (Proverbios 14). Dios quiere mostrarte a ti también a convertirte en una verdadera guerrera de oración y establecer el reino de Dios en tu hogar. Entonces, ¿vamos a colaborar con el enemigo a que destruya nuestro matrimonio, o nos vamos a unir a Dios y someternos a Él para ir en contra de ese enemigo?

Puertas Abiertas

El deseo de Dios es que prosperemos en todo. La Biblia dice que *"somos más que vencedores"* (**Romanos 8:37**). Dios no quiere que vivas tu vida con una actitud de derrota. El versículo que leímos al principio de este capítulo dice que *Jesus vino a darnos vida en abundancia.* Este es su deseo para todas las áreas de nuestra vida. Mucha gente piensa que porque le va mal en el matrimonio, que eso fue lo que les toco, o que Dios los está castigando, y que las cosas nunca cambiaran. ¡No es así!, Dios está listo para trabajar a tu favor. El problema es que nosotros no tomamos la iniciativa, somos pasivos, y somos conformistas con la situación. ¡Debemos accionar! Si sabes que hay problemas en tu matrimonio y corre peligro de separación o divorcio, debes hacer algo. Cuando comencé a buscar a Dios con todo mi corazón sobre mi matrimonio, Él comenzó a mostrarme primero áreas en mi vida que debía corregir. La mayoría de las veces nosotros estamos colaborando con el enemigo y ni siquiera nos damos cuenta. Abrimos puertas y le damos derecho legal a ese enemigo para entrar y atacar el matrimonio. Cuando uno comienza a buscar la dirección de Dios en oración, Dios te mostrará esas puertas abiertas y te enseñará como cerrarlas. Yo me di cuenta que tenía puertas abiertas en mi matrimonio. Esas puertas las abrí con los pensamientos que

> *El deseo de Dios es que prosperemos en todo.*

aceptaba en mi mente, con las actitudes que tenía, con mis acciones, entre otras cosas que no estaban alineadas a Dios. Estaba colaborando con el enemigo sin darme cuenta. De esta manera mi matrimonio estaba siendo atacado. Y como no sabía, el enemigo tomó ventaja. Es muy importante que busquemos a Dios y estemos cerca de Él para tener su dirección, también educarnos en cuanto a la función de una mujer conforme al corazón de Dios y ejercer ese rol. Una vez que hagas eso, estarás en alineamiento y obediencia a Dios y de esta manera cierras todas las puertas de acceso al enemigo y no hay más derecho legal. Por ejemplo, si sabes que debes respetar a tu esposo, cambiar tu manera de hablarle, tu actitud hacia él, y comienzas a hacerlo.

Entonces estas cerrando esa puerta y le estas quitando derecho legal al enemigo de perjudicarte en esa área de tu matrimonio. Imagínate un ladrón que viene a tu casa porque las puertas están abiertas, comienza a llevarse todo, aún enfrente de ti saquéa la casa. ¿Qué harías? ¿Te quedarías ahí parada o harías algo al respecto?. Como mujeres de Dios debemos discernir en el espíritu cuales son las puertas abiertas, empezando con nosotras y comenzar a cerrarlas.

Sus Armas

En esta sección hablaré de algunas armas que el enemigo usa para atacar tu matrimonio. El propósito del enemigo como lo mencioné, es separarte de Dios y de tu cónyuge. Es dividir y destruir. No debemos ignorar ninguna de las artimañas del enemigo (2 Corintios 2:11). Debemos estar alerta en todo tiempo. Esto se hace a través de una relación íntima con Dios y estudiando su Palabra. Debemos desarrollar una relación cercana con Dios.

Falta de oración

Aveces estamos tan ocupados con las cosas cotidianas que descuidamos lo más importante. La oración debe ser una prioridad. Cuando vivimos una vida sin oración y comunión con Dios, automáticamente abrimos una puerta al enemigo porque no estamos vigilando y estamos desprotegidos. Quizá por ahora tienes que orar sola, pero si eres perseverante y vives una vida alineada a lo que Dios te pide como cónyuge, entonces él se unirá eventualmente. Esa era mi oración a Dios, hasta que mi esposo un día me dijo que quería orar conmigo, algo que me sorprendió mucho, y hasta el día de hoy oramos juntos. Esto es una amenaza para el enemigo ya que sabe el poder, la autoridad y dominio que hay detrás de una pareja que ora juntos. Su fundamento será sólido y constantemente adquieren fortaleza de Dios. Uno es fortalecido cuando ora y es nuestra oportunidad para comunicarnos con Dios y conocer su corazón. La Biblia nos exhorta a orar en todo tiempo, que oremos sin parar y estemos alerta y atentos ya que el enemigo busca a quien destruir (I Pedro 5:8). Cuando hice de la oración un estilo de vida y mi prioridad, mis oídos espirituales se hicieron más sensibles a la voz del Espíritu Santo y ahí es donde constantemente comencé a recibir instrucción, dirección, fuerza y fortaleza de Dios. Entonces Dios comenzó a mostrarme como orar por mi esposo y matrimonio. Y nunca para manipular, si no para traer el cielo a la tierra y establecer su voluntad en mi familia. Es a través de la oración que he ganado todas mis batallas. Y ahora, la oración es mi estilo de vida. Amo estar en Su presencia cada mañana por que ahí puedo conocer su corazón y mi espíritu se alienta.

Uno puede tratar mil maneras y mil terapias pero nada será más efectivo que una vida apegada a Dios a través de la oración. De ahí parte todo. Mucha gente me dice que después de orar por uno o dos minutos, no saben más que decir. Acércate a Dios con fe, comienza leyendo un capítulo de la Biblia como un Salmo o un Proverbio. Luego solo adora a Dios, y has esto todos los días hasta que tu relación con Dios vaya creciendo. Trata de adorarlo más que pedirle. Pedir esta bien pero creo que la mayoría de la gente se acerca a Dios solo por interés de pedir algo y no de conocerlo. Cuando lo busques solo por su corazón, te garantizo que muchas cosas no tendrás ni que pedirlas, Dios las contestará antes de que tú las pidas, porque él conoce nuestro corazón. Mateo 6:33 dice: *"Más bien, busquen primeramente el reino de Dios y su justicia, y todas estas cosas les serán añadidas."* Si tú te encargas de buscar primero a Dios, Él te honrará y se encargará de todo lo que tú necesites. Sé perseverante en la oración y no te rindas. Ahí desarrollarás tu relación con Dios al punto que anhelarás estar ahí cada mañana. Verás su manifestación en cada área de tu vida y tu matrimonio.

Falta de Comunicación

El fundamento de un buen matrimonio sólido y que durará por muchos años tiene que ser construido sobre una buena comunicación con tu cónyuge. Ese era uno de los problemas principales en mi matrimonio.

Como mencioné en uno de los capítulos anteriores, mi esposo no era tan bueno con el asunto de la comunicación y yo hablaba de más. No sabía escuchar, y me frustraba el echo de que mi esposo no hablaba conmigo sobre asuntos de nuestra relación. Llegué a pensar que no le importaba, no sabía que pasaba por su mente, no se expresaba. Sin una comunicación efectiva entre nosotros, nuestra relación se sentía fría, cada uno pasábamos por ciertas crisis emocionales por su propia cuenta sin saber el uno del otro lo que pasábamos. Realmente no eramos uno. Una relación así, eventualmente se terminará. No hay aportación ni de uno o del otro, nadie invierte así que esa relación ira a una bancarrota emocional. Para tener una comunicación efectiva con tu cónyuge, uno debe ser transparente y genuino. Génesis 2:25 dice: *"En ese tiempo el hombre y la mujer estaban desnudos, pero ninguno de los dos sentía vergüenza."* Ellos estaban descubiertos físicamente y también emocionalmente no escondían nada. Eran genuinos y transparente entre ellos. Pero después de la caída en Génesis 3:7 dice que tomaron conciencia de su desnudez y se cubrieron. El pecado como consecuencia trajo odio, celos, envidia, rencores, manipulación, distorsión, engaños, control y muchas otras cosas que causan que usemos máscaras y no seamos transparentes. Mi esposo y yo acordamos comunicarnos absolutamente todo y siempre incluir a Dios en todas nuestras decisiones.

Pero esto no es tan sencillo. Esta decisión de comprometerse a tener una relación basada en la comunicación, se debe acompañar de la oración para que Dios sea el centro. La comunicación es algo de toda la vida, no solo cuando tienen problemas o cuando sienten platicar. Mi esposo y yo acordamos que no ibamos a pelear si no estabamos de acuerdo en algo, que ambos llegaríamos a un acuerdo orando y guiándonos por Dios. Comunicarnos sin ofendernos o faltarnos al respeto. Algo que nos ha ayudado es tener citas durante el mes. No tiene que ser nada costoso, pero es importante salir con tu cónyuge quizá a cenar, caminar en un parque, o algo que ambos disfruten y pasar tiempo hablando. Compartir lo que sienten y comunicarse todo. Un matrimonio fuerte y solido esta fundado en una buena comunicación.

Si no hay comunicación en tu matrimonio y te gustaría que las cosas cambiaran, ora específicamente por esto. También ora que todo lo que hables sea prudente y sean palabras que edifiquen y no que destruyan.

Asuntos de la intimidad

Este tema es un asunto delicado pero debe hablarse de esto ya que es uno de los problemas más graves en el matrimonio y lo era en el mío.

Sé que para muchos otros matrimonios ha sido la causa de separación o divorcio. Sabía que este asunto era otro problema grave en mi matrimonio y si no hacía algo, seguro seguía el divorcio. Así que permíteme compartir en esta sección un poco de mi experiencia y lo que yo pasé con respecto a esto. La relación íntima en el matrimonio no debe descuidarse y debemos aprender lo que nos enseña Dios sobre esto ya que si no lo hacemos, el matrimonio se vera gravemente afectado. Habrán consecuencias y problemas. La verdad es que el mismo enemigo del que hablamos hace un momento, el que está detrás de tu propósito y matrimonio, también es enemigo de tu relación íntima con tu cónyuge. Muchos tienen un concepto equivocado sobre el sexo a causa de experiencias pasadas, información equivocada que escucharon de jóvenes o mensajes erróneos que han recibido a través de los medios de comunicación y la televisión. Todo esto afecta en la intimidad. Fuera de Dios, el sexo se trata solo de "**mi**" del "**yo**" lo que me hace feliz, lo que yo quiero. Pero en Dios, es poner a tu cónyuge primero antes que a ti. Dios diseñó el sexo en el matrimonio para unir a la pareja, unir sus corazones, su alma y todo de ellos para ser uno. El sexo en el matrimonio reafirma la intimidad y la cercanía que tienes como pareja. Hoy en nuestra generación el enemigo ha usado las redes sociales, televisión, revistas y más para sembrar un mensaje equivocado sobre el sexo.

Todo va en contra de lo que establece Dios, como el sexo fuera del matrimonio y la infidelidad. Se ha abusado de la libertad que se nos ha dado para vivir como queremos y sentimos, y no como le agrada a Dios. Otra cosa que afecta la intimidad con tu cónyuge son relaciones pasadas. En mis redes sociales recibo muchos mensajes de personas que no pueden ser feliz con su cónyuge y algo que les afecta es precisamente eso. Es importante que le confieses a Dios cualquier relación sexual que tuviste antes del matrimonio. Recuerda que Dios creó el sexo para ser un vínculo entre un esposo y una esposa que se fortalece con el tiempo. Un vínculo es un enlace, una unión. Entonces, cuando tú has tenido una relación sexual fuera del matrimonio, eso te liga y te une a esa persona. Muchos van al matrimonio todavía ligados emocionalmente a la persona(s) con la que estuvieron íntimamente antes del matrimonio. Esto afectará su intimidad con su cónyuge. Como es algo espiritual, no saben por qué los problemas de intimidad, pero muchas veces la razón es que aún están ligados y enlazados del alma a una persona de su pasado. Es importante que renuncies a esto y lo confieses a Dios para que no sea una fortaleza en tu matrimonio. Esta es otra puerta que puedes cerrar y que el enemigo no tenga acceso a tu relación de intimidad con tu cónyuge. Mi concepto sobre la intimidad estaba equivocado. Creo que hay muchas personas que piensan como yo pensaba.

Sabía que era parte del matrimonio, pero creo que inconscientemente crecí con el mensaje de que era algo malo, algo que no debes hablarlo, algo que es secreto. Ahora con la tecnología, las redes sociales y televisión, han distorsionado el verdadero significado del sexo. Han ensuciado el nombre. Hay personas que tienen un concepto malo y lo ven como algo sucio por diferentes razones. Algunos porque quizá fueron abusados sexualmente, recibieron un mensaje equivocado, o no tuvieron educación sobre este

> *El sexo fuera del matrimonio es pecado y tiene consecuencias.*

tema. El sexo fuera del matrimonio es pecado y tiene consecuencias, pero dentro del matrimonio es algo que Dios diseño para unir la pareja y mucho mas. Llegué al matrimonio con la mentalidad equivocada y descuide algo tan importante que es parte del rol de esposa. Hay muchos pretextos que ponemos para descuidar la intimidad con el cónyuge. Aparte de que las necesidades de la mujer son muy distintas a la de los hombres. En mi caso, el descuidar mi relación íntima con mi esposo estaba ligado a asuntos de mi corazón. No sabía ni entendía mi rol como esposa, estaba ofendida por mi esposo y la vida, y mi corazón estaba endurecido y lleno de amargura por experiencias pasadas. Para ser honesta, llegué a un punto donde todo lo que había reprimido por años comenzó a salir a la luz. Y ¿con quién lo desquité? -con mi esposo. Aunque él también falló en varias cosas en su función como esposo, no era excusa para mí sacar todo el odio y resentimiento de experiencias pasadas de mi vida con él. Y muchos matrimonios experimentan esto también. El dolor y la amargura que llevan dentro por experiencias, no los deja ser feliz y afectan a los que le rodean. Todo lo que tenía reprimido en mi corazón salió a la luz. Tenía una mala actitud hacia mi esposo y esperaba que él cambiara primero. Hubo algunas cosas que sucedieron entre nosotros que las tome como ofensas y eso mismo fue el pretexto que use para no estar con él y darle rienda suelta a la amargura y resentimiento hacia él. Descuidé mi relación con él sin saber el peligro que corre un matrimonio cuando esto ocurre. Cuando comenzó mi trasformación con Dios, todo fue cambiando en mi vida. Comenzó ese cambio de adentro hacia afuera. Dios trató con mi corazón. Le pedía a Dios que sanara cualquier herida dentro de mi y me llenara de su amor para entonces poder amar a mi esposo. En ese punto de mi vida, la verdad es que aveces no nos podíamos ni ver. No teníamos una buena relación, pero en mis oraciones clamaba a Dios desde el fondo de mi ser, y sé que Él me escuchó. Aparte de aprender más sobre mi función de esposa, una vez que Dios sanó mi corazón de dolor y ofensas pasadas, entonces aprendí a llenarme constantemente de su amor.

Y cuando tienes el amor de Dios en tu corazón y operas en el, entonces puedes darlo a otros. Uno jamás podrá dar lo que no tiene. Mi esposo y yo nos pedimos perdón, fuimos a consejería en la iglesia, y le entregamos nuestra relación de intimidad a Dios. No sabes la gran diferencia. Esto es algo que lleva tu relación a otro nivel. Siempre oramos a Dios por nuestra intimidad hasta el día de hoy. Queremos agradar a Dios en todo en nuestra vida personal y relación matrimonial. Protegemos esto porque sabemos que el enemigo quiere destruir todo lo que ha sido diseñado por Dios. La intimidad es algo que fue diseñado originalmente por Él y lo diseñó con un propósito hermoso. Hay muchas cosas que no sabía y estaba cegada. **I Corintios 7:4** dice: *"La mujer no tiene dominio sobre su propio cuerpo, sino el marido; ni tampoco tiene el marido dominio sobre su propio cuerpo, sino la mujer."* Esto no quiere decir que vas a dejar que tu cónyuge abuse, o que vas a dejar que te force a hacer algo que no quieres. Esto quiere decir que tu cónyuge necesita intimidad contigo y debes proveerlo al menos que tengas una muy buena excusa. Debes considerar siempre a tu cónyuge primero antes de ti.

Pornografía

La pornografía es un veneno que acabará con tu matrimonio. Hoy en día tanto mujeres como hombres están expuestos, atados y prisioneros a esto.

Se convierte en una adicción, algo de lo que dependes y te esclaviza. Muchos van al matrimonio ya ligados a este hábito destructivo. La pornografía implica que tu cónyuge no es suficiente para ti y eventualmente el resultado será la infidelidad y el adulterio. Esto es algo serio que muchas personas no le prestan atención y piensan que es normal que su cónyuge vea eso. Sin embargo, es una contaminación que eventualmente terminará con tu relación íntima con tu cónyuge y posiblemente tu matrimonio. Cualquiera que haya sido la razón por la que caíste en este horrible hábito y dependencia, Dios puede hacerte libre. Quizá fuiste expuesto a eso desde niño o jovencito y fue una semilla que se sembró en tu vida y fue creciendo. Dios quiere hacerte libre para que disfrutes de una vida matrimonial e íntima con tu cónyuge que sea sana y hermosa. Cuando la pornografía esta de por medio, tu cónyuge se sentirá traicionado, por eso es importante guardar nuestros ojos ya que son las ventanas del alma. **Salmos 101:3 dice:** *"No pondré delante de mis ojos cosa injusta."* la nueva versión internacional dice: *"nada en que haya perversidad."* Debes tener cuidado con las películas que ves, las revistas que lees, y cuando estas en la internet. La pornografía te hace tener la mente llena de perversión y eventualmente cosecharas esto en tu vida. Cuando estas expuesto a esto, un espíritu de lujuria te controla y comienza a traer destrucción a tu alma y tu mente.

La lujuria es algo que viene del egoísmo, todo se trata del "Yo" lo que "Yo" quiero y necesito. No está basado en construir un fundamento de amor, de compartir o de dar. Y el amor de acuerdo a lo que dice I Corintios 13 no es egoísta.

Cómo Ser Libre De La Pornografía

Si es algo a lo que te sientes esclavo, no puedes dejarlo y sabes que está afectando tu matrimonio- ¡pide ayuda! Dios puede hacerte libre. Quizá fuiste abusado sexualmente en tu niñez y ahora caíste en esos hábitos destructivos que no puedes dejar y te están afectando. O quizá es tu cónyuge quien es esclavo a esto y tú puedes ayudarle orando por él y acompañándolo a pedir ayuda con algún líder de tu iglesia capacitado para esto. Primero, debes decidir dejar eso. Quizá no sea fácil pero debes decidir que ya no será algo que controlará tu vida. Así que el primer paso para ser libre y limpiarte de esa impureza, es rehusarte a tener ese pecado secreto en tu vida. Reconocer que es pecado y confesarlo a Dios. **Proverbios 28:13** dice: *"Quien encubre su pecado jamás prospera; quien lo confiesa y lo deja, halla perdón."* También Dios nos dice en **I Juan 1:9** *"Si confesamos nuestros pecados, Dios, que es fiel y justo, nos los perdonará y nos limpiará de toda maldad."*

Haz lo que tengas que hacer para no volver a esa dependencia y hábito. Si es necesario - desconecta el internet, bloquéa esos canales en tu televisor, corta cualquier fuente que te causa caer en esa horrible dependencia afectando tu vida y matrimonio. Asegúrate de estar más conectado a tu iglesia y un grupo de oración entre semana. ¡Esto ayudará! También es importante que comiences a leer su Palabra. El estudiarla y meditarla a diario comenzará a limpiarte y restaurarte. Hay muchos seminarios de matrimonio, libros e iglesias con programas que pueden ayudarte. Decide dejar eso tan destructivo tanto para ti como para tu matrimonio.

Infidelidad y Adulterio

Esto es el resultado de la falta de intimidad, comunicación, y desacuerdos. Cuando uno como cónyuge no mantiene el tanque del amor lleno y descuida las cosas esenciales del matrimonio, entonces los ojos comienzan a desviarse y ver a otros lados. El adulterio comienza en el corazón y con los ojos mucho antes de que suceda cualquier acto físico. **Mateo 5:28** dice: *"Pero yo os digo que cualquiera que mira a una mujer para codiciarla, ya adulteró con ella en su corazón."* Parece que este problema de la infidelidad y adulterio es como una epidemia en la sociedad en la que vivimos. El adulterio, aunque sea en el corazón, trae destrucción a tu alma **(Proverbios 6:32).**

El pecado sexual es algo que afecta tanto a ti como a las personas que te rodean. Es un daño grave que lleva consigo consecuencias y hoy en día es muy normal para muchas personas. Aparte de violar la confianza y el pacto hecho delante de Dios, es algo que afecta tu alma y tu cuerpo. Y por un momento de placer, se dañan y se pierden tantos matrimonios, aparte de las consecuencias que vienen con este acto. **I Corintios 6:18 dice:** *"..más el que fornica, contra su propio cuerpo peca."* La inmoralidad sexual es un pecado en contra de nuestro propio cuerpo. Nuestro cuerpo le pertenece a Dios y su Espíritu vive dentro de nosotros. (I Corintios 3:16-17). El adulterio es algo que traerá destrucción a tu vida eventualmente y te privará de recibir y disfrutar todas las bendiciones que Dios tiene para ti. Esto es una obra de la carne y la consecuencia de toda obra de la carne es destrucción. (Gálatas 5:19; Proverbios 6:32). La infidelidad comienza en la mente y ahí es donde tienes que abortar esos pensamientos que no vienen de parte de Dios (Marcos 7:21,23). Sé que hay personas que dicen que la relación con su cónyuge ya no es la misma y la ha descuidado. Como resultado comienzan a coquetear con pensamientos de otra persona que no es su cónyuge. Si tú crees que este es un problema en tu vida - ¡ponle un alto de inmediato! Confiésalo a Dios, píde perdón y pide su ayuda para liberarte de esos pensamientos. Dios tiene el poder para hacernos libres si nosotros clamamos.

Mala Administración de Finanzas

Otra de las principales causas de divorcio tiene que ver con el problema de las finanzas. Estos problemas traen mucho estrés y preocupación al matrimonio especialmente cuando los dos están en desacuerdo sobre cómo se maneja el dinero. Pienso que ambos en el matrimonio deben sentarse a hablar sobre sus finanzas. Es difícil cuando los dos piensan diferente y cuando no hay comunicación sobre este tema en particular. En muchas parejas, uno de ellos o los dos tienen problemas con grandes deudas, el gastar compulsivamente, gastar más de lo que ganan, o tienen un problema de apostar en internet y casinos. Cosas como están traerán graves problemas al matrimonio. Si uno de los dos cae en las mentiras sobre gastos que hacen a escondidas, también habrá graves problemas. Cuando tenía un negocio de una boutique de ropa recuerdo que varias clientes al pagar, me decían como hacían para que su marido no se diera cuenta de los gastos que hacían. Una de ellas me dijo como hacía cada fin de semana para engañar a su esposo y tener dinero extra para ella. Esto es deshonestidad y trampa. Pronto saldrá a la luz en la relación. Todas estas cosas mencionadas son suficientes para arruinar un matrimonio.

En mi caso, recuerdo que cuando nos casamos yo tenía algunas deudas y mi esposo también. Tenía una carrera universitaria, mi esposo una maestría y un buen trabajo. Vivíamos en una casita pequeña que estaba en el presupuesto que teníamos. Para ser sincera, no sabíamos mucho sobre la administración de finanzas ni mucho menos el grave problema que puede causar el no administrar bien el dinero. El cheque nos alcanzaba muy apenas, con las deudas de ambos apenas nos sobraba después de los gastos. No sobraba mucho, ni para salir a comer un fin de semana. Recuerdo que aveces la familia de mi esposo iba a salir a comer un domingo, y nosotros poníamos cualquier excusa para no ir porque no nos había quedado dinero. Empezó el estrés con las finanzas y empezaron los problemas. En ese entonces no sabía mucho sobre cómo administrar finanzas y siempre teníamos temor de no poder hacer los pagos de las próximas semanas a tiempo. Llegó el punto donde esto se convirtió en un grave problema en nuestro matrimonio sumándole otras cosas que estábamos pasando en ese momento. El dinero no rendía, estábamos cansados, frustrados y sin esperanza. Cuando fuimos a consejería en nuestra iglesia, nos inscribimos en un taller de finanzas que nos abrió los ojos y trajo conocimiento sobre esto. Hay muchos factores que pueden llevar el matrimonio a fracasar, por eso es tan importante atender todos estos asuntos con la ayuda de Dios y si hay que pedir ayuda pues hacerlo para aprender. **Oseas 4:6** *"Mi pueblo perece por falta de conocimiento.."* Cuando no hay conocimiento sobre algo, habrá fracaso. Pusimos en orden nuestras finanzas ya que todo en nuestra vida estaba en desorden y Dios no puede estar ahí. Mi esposo escribió un libro que se llama *Kingdom Mindset* (Mentalidad de Reino). En este libro él relata su experiencia de como Dios cambió su perspectiva sobre las finanzas, cómo salió de deudas, y la aceleración que Dios trajo a nuestra economía. Dios comenzó una transformación poderosa primero en nuestro corazón y luego comenzó a manifestarse en todo lo demás. En el próximo capítulo hablaré del proceso de transformación que Dios hizo en mi vida y mi corazón. Cuando ésta transformación comenzó en mí, entonces comencé a orar correctamente por mi esposo y Él comenzó a trabajar en su corazón. Le entregamos nuestro matrimonio, decidimos cambiar y hacer las cosas a la manera de Dios. Y aquí fue donde comenzamos a trabajar en equipo, ser honestos el uno con el otro, y poner orden en nuestra vida y finanzas de acuerdo a Dios. Entonces sentimos que espiritualmente estábamos entrando en un alineamiento y comenzaron las bendiciones. Enseguida compartiré algunos principios bíblicos que mi esposo y yo aplicamos y que nos llevaron a otro nivel en nuestra economía.

No soy experta en finanzas, pero te compartiré lo que aprendimos de la Escritura, lo cual mi esposo y yo aplicamos para manifestar un rompimiento de abundancia financiera. Lo primero que hicimos fue unirnos en oración a Dios pidiéndole perdón por la forma de administrar nuestras finanzas. **Hechos 3:19** dice: *"Por tanto, para que sean borrados sus pecados, arrepiéntanse y vuélvanse a Dios, a fin de que vengan tiempos de descanso de parte del Señor."* Nos arrepentimos por la mala mayordomía, la mala administración y la deshonestidad. Nos arrepentimos de esa manera desordenada de vivir y pedimos sabiduría a Dios para administrar las finanzas y no volver a caer en los mismos errores y malos hábitos financieros del pasado. Pedimos su ayuda para salir de deudas y poder seguir el nuevo plan de finanzas. Mucha gente no estará de acuerdo con el próximo punto pero es el factor principal del rompimiento que tuvimos en nuestras finanzas. EL DIEZMO y LA OFRENDA nos cambió la vida. Recuerdo que antes de hacerlo, siempre le comentaba a mi esposo sobre este importante principio bíblico del cual mucha gente dentro de la Iglesia no entiende ni lo aplica. Él se molestaba mucho cuando le llegaba a mencionar la posibilidad de diezmar. Su respuesta era "¿cómo quieres que diezmemos si apenas nos alcanza para los gastos de la casa?" Entendía su frustración pero yo sabía que el echo de diezmar es un acto de fe y obediencia.

Esto mismo levanta una protección espiritual que te guardará del devorador de tus finanzas y traerá bendiciones abundantes. Dios abrió los ojos espirituales de mi esposo y le enseñó el poder que hay detrás de este principio bíblico. Cuando dimos el paso de fe y empezamos a diezmar, Dios honró nuestra fe y obediencia. De ese punto en adelante nunca nos falto nada. Dios comenzó a proveer y suplir todas nuestras necesidades y darnos mucho más de lo que esperábamos. Pudimos pagar nuestras deudas, empezamos a ahorrar y comenzaron las promociones en el trabajo de mi esposo (que hasta ahora no han parado). Dios nos dio favor en los negocios. Fue como si las compuertas del cielo se abrieron, las oportunidades y bendiciones comenzaron a fluir y siguen fluyendo sin parar (Malaquías 3:10-11). Notamos la gran diferencia en las finanzas al aplicar todos estos principios bíblicos. Ahora el dinero rendía y había más oportunidades. El dinero no desaparecía y los autos no se descomponían como antes. Esta fue nuestra experiencia y te puedo decir que al honrar y obedecer a Dios, traerá una recompensa increíble. Antes de ajustar todo esto en las finanzas, el dinero no rendía, todo se descomponía en la casa, no había favor en el negocio ni el trabajo. El deseo de Dios es bendecir a sus hijos, pero si no estamos alineados a Él y vivimos en obediencia, nosotros mismos nos bloqueamos las bendiciones.

El próximo punto es la generosidad. Dios comenzó a bendecirnos inmensamente así que de eso mismo apartamos un porcentaje para aportar alguna organización que Dios pusiera en nuestro corazón. Y no solo eso, también ser generosos con la gente que nos rodea, aportando ya sea con nuestro *tiempo, tesoros y talentos*. Dios se agrada de esto, y cuando Él ve que administras bien "su" dinero (y digo "su" dinero porque no es de nosotros, es de Él y nosotros lo administramos), entonces Dios te confiará más. El dar lo hacemos para Dios, no para impresionar a la gente ni sentirnos bien con nosotros. Dios nos ha llamado a ser generosos. **Hebreos 13:16** *"No se olviden ustedes de hacer el bien y de compartir con otros lo que tienen; porque estos son los sacrificios que agradan a Dios."* La verdad no fue fácil aplicar estos tres puntos que compartí y hacerlos un estilo de vida. Pero en Dios ¡todo es posible!. Necesitamos su gracia y favor para poder llevarlo acabo. Yo sé que si tú comienzas a aplicar estos principios en tu vida, verás resultados.

Por último, quiero mencionar que es importante que adquieras consejería y ayuda de algún experto en finanzas. Un profesional capacitado en esta área de finanzas y conocimiento de la Palabra.

Oración:

Señor Jesús, perdón por tener puertas abiertas en mi vida y descuidar mi relación matrimonial. Te rindo cada area de mi corazón. Me arrepiento por el pecado que he permitido en mi vida. Decido apartarme y tomarme de tu mano. Me comprometo a buscarte a través de la oracion y estudio de la Palabra. Enséñame a ser guerrero en la oración y entréname para la batalla. Tú eres mi fuerza y mi escudo. Sé que en Ti soy mas que vencedor.

Amén.

Los Enemigos del Matrimonio

"Pero nosotros todos, con el rostro descubierto,
contemplando como en un espejo la gloria del Señor, estamos
siendo transformados en la misma imagen de gloria en gloria,
como por el Señor, el Espíritu."

2 Corintios 3:18

Capítulo 7

Metamorfosis

Metamorfosis viene del vocablo griego que significa transformación.

El primer paso para el cambio es tomar la decisión de hacerlo ya. Dios quiere enseñarnos a vivir dependiendo de Él y si estamos dispuestos, Él nos enseña. Dios quiere transformar nuestra vida y que se forje el carácter de Cristo en nosotros. Una vida que lo refleje a Él. Si la situación en la que estas ahora no te gusta, entonces tienes que decidir hacer algo al respecto. Aceptar que hay un problema, dejar de sacar excusas, dejar de culpar a otros y comenzar contigo mismo. Uno debe ser sincero consigo mismo. Te pido que tomes un momento y pienses en ti, en las cosas que sabes que debes de cambiar, en como tu situación, tu vida personal o matrimonial podrían ser diferente si manejas las cosas de otra manera. Sobre todo si hacemos las cosas como Dios nos indica y si cambiamos patrones, mentalidades y actitudes en nuestra vida con su ayuda y su gracia.

En este capítulo hablaremos de la transformación que Dios quiere hacer en tu vida antes de enfocarnos en lo que pasa en tu matrimonio. Tu circunstancia comienza a cambiar cuando tú cambies. Quizá te parezca imposible cambiar, quizá tienes adicciones, dependencias, ciclos viciosos, actitudes que te meten en problemas y te parece imposible un cambio porque te sientes atrapado. Dejame decirte lo que dice la Biblia y lo que es parte de mí ahora - *"..porque nada hay imposible para Dios"* (Lucas 1:37). Lo que para ti es imposible, para Dios es posible. Yo pensé que nunca podría cambiar, pensé que mi esposo nunca cambiaría, y que mi matrimonio no podría mejorar. Me veía derrotada y hundida en un abismo. Le daba rienda suelta a todos los pensamientos negativos en mi mente y mis emociones estaban desenfrenadas. La verdad de Dios no era realidad en mi vida porque no la vivía. Aunque iba a la iglesia, incluso servía por años en la iglesia pero necesitaba una transformación en mi corazón. ¡Necesitaba ayuda! Pero todo comienza con una decisión. Si tomamos la decisión de querer cambiar, darle la oportunidad a Dios que haga lo que Él quiera hacer y a su manera no a la nuestra; se logrará el cambio con la ayuda de Dios. Le doy gracias a Dios por su infinita misericordia. Sé que si Él no hubiese intervenido en mi matrimonio, yo no estaría escribiendo este libro, y seguramente mi matrimonio se hubiese perdido.

El Cambio Comienza en Ti

Por lo general, en el matrimonio como ya lo mencione varias veces, venimos con una actitud muy egocéntrica. Culpamos al cónyuge y uno mismo es el último en la tierra que debe cambiar. Pensamos que en la mayoría estamos bien. O por lo menos, más bien que nuestro cónyuge. La verdad es que si hemos tomado la decisión de cambiar, el próximo paso es saber que el cambio comienza en nosotros primero. Esto requiere que dejemos el ego y el orgullo a un lado. Una actitud de completa rendición a Dios es lo que moverá su mano. *".. sin mí no pueden ustedes hacer nada."* (**Juan 15:5**). EL cambio no será fácil si tratamos de hacerlo nosotros mismos. Debemos depender completamente de Dios, y asegurarnos que estamos cerca de Él para obtener su ayuda. El cambiar es un acto de la voluntad pero aveces es difícil. Necesitamos la ayuda y la gracia de Dios para cambiar las áreas que no están ayudando en la restauración de nuestro matrimonio. Me escriben en las redes sociales sobre las luchas en el matrimonio. Discusiones, separaciones, engaños y tantas cosas donde se lastiman mutuamente. Para muchas personas les cuesta mucho trabajo el cambio, el tener que dejar el orgullo, el tener que invertir en orar, en cambiar. Así que, lamentablemente se conforman a su situación y no hay cambios.

El resultado de esta decisión es un matrimonio sin propósito, disfuncional, en separación, frustrado o divorciados. Recuerdo que después de haber tenido ya varias experiencias de desacuerdos, desilusiones y fracasos en mi matrimonio, decidí que tenía que hacer algo urgente. La mayor parte del tiempo culpaba a mi esposo, no había confianza, no había comunicación, no había nada. Lo único que había era las heridas con las que cada uno habíamos venido al matrimonio, y todas las ofensas que el uno al otro nos decíamos a diario. Cuando toque fondo, me arrepentí y lloré mucho un día mientras oraba. Sentía que no podía hacer nada. No tenía esperanza y tenía miedo de perder mi matrimonio. Solo le entregue a Dios todo lo que cargaba en ese momento y pedí su ayuda. Le prometí hacer lo que fuese necesario con el fin de que interviniera en mi relación y trabajara en mis horribles actitudes que yo misma no podía cambiar. No importaba si esto implicaba poner más de mi parte que mi esposo, estaba dispuesta a lo que sea. Cuando le entregamos todo a Dios, El nos da su esperanza y nos fortalece. Poco a poco, al seguir orando a diario, fui recuperando la esperanza y la fuerza para luchar. Al principio mi actitud era - "yo no cambio hasta que mi esposo cambie" pero cuando le dije a Dios que haría lo que quiera con el fin de que restaurara mi relación, entonces Él comenzó a obrar y trabajar en mi vida.

El Cambio es Intencional

Muchas veces estamos orando y orando para que Dios nos responda nuestra oración la cual es: "Señor, cambia a mi cónyuge, que mi matrimonio sea mejor." Nos decepcionamos porque no sucede nada y Dios no responde. ¿Porqué no responde? Me he dado cuenta que muchas veces estamos orando equivocadamente. Oramos como manipulando la situación, y aferradas a que Dios haga lo que nosotros queremos, y no lo que Él quiere y lo que es correcto. Dios está esperando en nosotros. Él está esperando que nosotros demos el primer paso, le rindamos todo y permitamos que Él intervenga a su manera. Y eso requiere decir: "¡Si Señor!, estoy dispuesto a hacer los cambios que sean necesarios, si tú me ayudas y estas conmigo sé que será posible." Muchos están atorados sin avanzar en su matrimonio, sin ver restauración, al contrario van retrocediendo porque ninguno de los dos toma la decisión de cambiar. Debemos ser intencionales y dejar nuestra vieja manera de manejar las cosas y hacerlo a la manera de Dios. **Deuteronomio 30:19** dice: *"..he puesto delante la vida y la muerte, la bendición y la maldición; escoge, pues, la vida, para que vivas tú y tu descendencia."* Tenemos la opción de decidir entre un matrimonio que se sigue destruyendo o uno restaurado, bendecido y en victoria. Escojamos la bendición.

No esperes haber si algo sucede. Entrégale tu matrimonio a Dios y permite que Él comience a hacer la obra primero en ti. Permite que Dios comience el cambio en ti. Sé intencional. ¿Qué esperas?

Sin Filtro

Hoy en día estamos tan acostumbrados a ponerle filtro a todo. Pretendemos que las cosas están bien pero no lo están. Nos ponemos

> *La Palabra de Dios es un espejo que refleja la verdad sobre nuestro corazón.*

máscaras invisibles al salir de la casa y pretendemos ser alguien que no somos. Mostramos la mejor versión de nosotros y como en las redes sociales, modificamos todo con un filtro, una máscara, una mentira. La verdad es que si escudriñamos más nos damos cuenta que la mayoría del tiempo son asuntos del corazón que no han sido confrontados ni transformados en Dios. La Palabra de Dios es un espejo que refleja la verdad sobre nuestro corazón. Si la estudiamos y meditamos en ella, entonces hará su trabajo. Dios sanará el corazón herido, nos dará dirección, claridad y revelación. Me asombra como Dios trabaja. Al recordar todo lo que pasó en mi matrimonio y los milagros que hemos visto en nuestra relación, sé que Él tiene el poder de hacer el cambio si le damos la oportunidad y cedemos. Él está listo para trabajar a tu favor si tan solo hoy mismo ahí donde estas tomas la decisión de hacer lo que sea necesario que Dios te indique en tu vida para comenzar el cambio. Te animo a decidir hoy cambiar y dejar cualquier máscara que impida que haya un cambio. No podemos seguir escondiendo todo y pretender que todo esta bien. Es importante escudriñarnos en la presencia de Dios y Él revelará lo que necesitamos cambiar. No podremos lograr ni alcanzar nada si no reconocemos que necesitamos el cambio. Y el cambio es posible si estamos cerca de Dios.

De Adentro Hacia Afuera

Ahora que nos hemos determinado a cambiar, debemos darnos cuenta que el cambio comienza en nuestro corazón. No es precisamente un esfuerzo mental, más bien Dios comienza a trabajar en nuestro corazón. La mayoría de las veces lidiamos con los síntomas del problema en lugar de la raíz. Debemos de ir a la raíz de la situación. Muchas veces sabemos qué es, otras veces no lo sabemos. En lo personal, no sabía porqué de pronto había mucho coraje y odio dentro de mí. Porqué siempre culpaba a mi esposo y empece a tener sentimientos que sabía que no provenían de Dios. Y de pronto, me di cuenta que estaba en un abismo profundo. Mi matrimonio estaba al borde de la destrucción, con una actitud negativa y pesimista.

No sabía porque era así. Hasta que con la ayuda de Dios investigué y fui a la raíz del problema. La razón era que mi corazón estaba lastimado y herido de experiencias pasadas. Aún experiencias de mi niñez y cosas que habían ocurrido en mi juventud. No supe como guardar mi corazón en Dios y se desfragmentó. No tenía la revelación del amor de Dios y el resultado era no poder operar en ese mismo amor. Mis emociones estaban desordenadas, mis pensamientos eran totalmente contrarios a los de Dios. Mi vida estaba desordenada en muchos aspectos y necesitaba ordenarla con la ayuda de Dios. Si queremos vivir una vida en propósito, un matrimonio exitoso y bendecido, una vida en victoria, entonces tenemos que ser intencionales y tenemos que tomar responsabilidad de cómo estamos viviendo. Era como si me estaba viendo en un espejo. Podía ver mi estado espiritual, emocional, y mental. Cuando le entregamos todo a Dios, decidimos vivir cerca de Él y desarrollamos una vida de intimidad en su presencia, Él nos va a revelar las áreas de nuestra vida que necesitan ser transformadas. Su Palabra nos confronta, nos enseña, nos corrige y nos redarguye. *"Toda Escritura es inspirada por Dios y útil para enseñar, para reprender, para corregir, para instruir en justicia"* (**2 Timoteo 3:16**). Recuerdo que uno de los muchos asuntos en mi vida personal que le pedía a Dios que me ayudara, era el poder amar a mi esposo.

Nuestra relación estaba fracturada, nos habíamos ofendido tanto que habían heridas profundas en el corazón. Habían asuntos pasados en nuestra vida individual que nos estaba afectaba también. Tenía mucha amargura en mi corazón, mucho resentimiento y no sabía como perdonarlo. Eso me estaba consumiendo.

Leí un libro de Joyce Meyer que me ayudo mucho. Le doy gracias a Dios por la vida de las personas que han escrito libros para ayudar a personas como yo. Con la ayuda de Dios, me fui dando cuenta de todo el bagaje que cargaba, de las cosas que había permitido en mi vida las cuales eran tóxicas y me estaban consumiendo. Con todo esto, era obvio que no podía amar a mi esposo. Recuerdo que el solo hecho de verlo me provocaba enojo y me molestaba. Ahora recuerdo eso y me enfada el saber que el enemigo tiene a muchas mujeres y hombres cautivos emocionalmente, en dolor, y usa esto para que odien a su cónyuge. Por eso, es tan importante estar completamente apegados a Dios a diario porque Él es la fuente de vida, del perdón, y del amor. Si estamos lejos de la fuente, nosotros nos secaremos y no podremos dar lo que no tenemos. Mientras más invertía tiempo con Dios, orando y estudiando su Palabra, me daba cuenta que algo bueno estaba pasando dentro de mí.

Algo que jamás hubiera podido lograr por mi misma. Era algo sobrenatural. Dios me lleno de su amor, me ayudó a superar las cosas que tenía en contra de mi esposo, perdonarlo y también pedirle perdón. El cambio comienza en nuestro corazón. Permite que Dios comience a trabajar en tu vida. Cuando esto comience a suceder, te darás cuenta que Dios no solo está trabajando en ti sino en todo lo que esta en tu entorno. Te animo a dedicar tiempo en oración y estudiar la Palabra de Dios. No dejes de asistir a tu grupo de oración, recuerda tener tu tiempo devocional y el asistir a tu Iglesia local. Todo esto ayudará en tu crecimiento espiritual y comenzarán los cambios que Dios quiere hacer en tu vida.

Si ignoramos esto que es vital en nuestra vida, nos enfriaremos espiritualmente y poco a poco todo irá deteriorándose en nosotros. Decide apagar el televisor, decide estar menos en las redes sociales y busca un tiempo para estudiar la Palabra. Si es complicado para ti entender la Biblia (como lo fue para mí al principio), hay libros o aplicaciones en el teléfono que te ayudan a estudiarla y entenderla mejor. ¡No hay excusas! Hay que ser intencionales y el hacer esto es un gran comienzo que producirán grandes cambios.

La Verdad Te Hace Libre

"Y conocerán la verdad, y la verdad los hará libres." Juan 8:32

Al estudiar más y más la Palabra de Dios me fui dando cuenta que vivía engañada en muchas áreas de mi vida. Y eso es precisamente lo que el enemigo quiere, que estemos atrapados, confundidos y engañados. Y ahí, en ese lugar nos quedamos estancados hasta que permitamos que Dios intervenga. Nos conformamos a ese estilo de vida en cautividad y se convierte en nuestra realidad y nuestro normal. Cautivos, confundidos y frustrados. Dios anhela que sus hijos vivan en plena libertad. Y esa libertad viene de una vida que busca su presencia y de un corazón determinado al cambio y humillado delante de Dios, sin máscaras y sin excusas. Un corazón rendido que atesora su Palabra a diario. Ésta misma es como una semilla plantada en nuestro corazón que eventualmente dará fruto. Un muy buen fruto. ¿De qué estas alimentando tu vida? Lo que alimentes, crecerá más. Si alimentamos el ego, el orgullo, la falta de perdón y todo lo tóxico, entonces eso crecerá más hasta autodestruirnos. Por otro lado, si nos alimentamos con la Palabra de Dios, entraremos en un proceso donde su misma Palabra nos limpia, nos libera, y nos enseña. Y no solo eso, esto viene con un bonus. Verás libertad y efectos buenos en otras áreas como tu relación matrimonial, tu salud, tus finanzas, tu trabajo y tu negocio. El paquete viene completo. Dios es un Dios sobrenatural y tiene el poder para cambiar tu imposible. La verdad de Dios nos hace libres, y nos hace libres de verdad. Una vez que Dios te libera, eres libre por completo, no a la mitad o solo una parte. Eres libre de verdad. ¡Aleluya!

Arregla el Asunto del Corazón

El enemigo nos atrapa con sus mentiras y si no hacemos nada al respecto, no habrá cambio y nos llevará a un camino de destrucción y muerte. Mi corazón se estaba volviendo un corazón endurecido con todas las experiencias y cosas tóxicas que guardaba ahí. Si no se atienden los asuntos del corazón, entonces se vuelve como un basurero con un mal olor. Si no hacemos algo sobre esto, eventualmente te consumirá. Es lamentable saber que hay tanta gente en el mundo viviendo en depresión, en ira, amargura y tantas cosas a raíz de un corazón herido el cuál con el tiempo se convierte en un corazón de piedra. Muchos porque no conocen de Jesus y la libertad que podemos encontrar en Él. Otros han escuchado pero no saben como liberarse o no hacen nada al respecto. Cuando hablo del corazón, no me estoy refiriendo al corazón físico, sino al que habla la Biblia que es el centro de nuestro ser.

"Que Dios mismo, el Dios de paz, los santifique por completo, y conserve todo su ser —espíritu, alma y cuerpo— irreprochable para la venida de nuestro Señor Jesucristo." **(1 Tesalonicenses 5:23)** Los seres humanos somos espíritu, tenemos un alma y vivimos en un cuerpo físico. El corazón es la identidad del ser humano y el fundamento de nuestro carácter. De ahí vienen nuestros pensamientos, las actitudes y la voluntad. Así que, lo que haya en nuestro corazón es lo que reflejaremos en nuestra vida natural. *"Engañoso es el corazón más que todas las cosas, y perverso; ¿Quién lo conocerá?* **(Jeremías 17:9)**. Nuestro corazón es engañoso y perverso. Esa es nuestra naturaleza humana lo cual también afecta nuestra relación con Dios. Al verme en el espejo de la Palabra de Dios, me di cuenta del porque tenía esas malas actitudes. Me dejaba llevar por todo tipo de emociones en mi vida y no solo me afectaba a mí, también afectaba a mi esposo.

El no poder perdonarlo y vivir siempre molesta y resentida con él era porque mi corazón aún estaba herido por cosas de mi pasado y lleno de amargura. Una vez que renuncié a esos sentimientos, me liberé por completo y pude experimentar el amor y la paz de Dios en mi vida. Te das cuenta cuando Dios ha hecho algo nuevo en tu vida porque ahora puedes perdonar, puedes amar y puedes vivir en paz.

El Perdón

Este tema es demasiado importante. Mucha gente no puede perdonar a otros, recibir perdón o perdonarse así mismo. Mientras sigamos con esta actitud en nuestro corazón, nada de lo que deseamos y anhelamos sucederá. No habrá cambio en nada. En la vida vamos a experimentar cosas difíciles que nos marcarán. Seremos ofendidos y nos van a ofender. Esto es inevitable. Sin embargo, debemos aprender a superar estas situaciones, entregárselas a Dios y no guardar ofensas en nuestro corazón.

Cuando estaba atorada en mi vida, con todas las ofensas acumuladas en mi corazón, le pedí a Dios que me mostrara como salir de ahí. Una vez escuché un sermón de un predicador que llegó hasta lo profundo de mi corazón. Entendí muchas cosas y es como si alguien me quito un velo de mis ojos espirituales. Aprendí que las ofensas son trampas que el enemigo usa para hacernos tropezar y caer. Ya sea una ofensa provocada por tu esposo, tu amigo, tus padres, o la vida misma. Aveces somos duros con nosotros mismos y no podemos perdonarnos. Estamos ofendidos y enojados con la vida y el que se ponga enfrente porque las cosas no han salido como planeamos. Porque la vida no ha sido justa o amable con nosotros.

Estamos ofendidos con personas que quizá ya no están aquí, han fallecido pero aún estamos molestos y llenos de ira. *"Y cuando estén orando, si tienen algo contra alguien, perdónenle, para que también su Padre que está en el cielo les perdone a ustedes sus pecados."* (**Marcos 11:35**). No podemos esperar que Dios responda nuestras oraciones cuando nosotros no hemos arreglado los asuntos del corazón. No podemos ir en contra de lo que enseña su Palabra. Esperamos que Dios arregle nuestra vida, restaure nuestro matrimonio, nos dé abundancia, sane nuestra enfermedad, pero no queremos perdonar al que nos ofendió. Tenemos orgullo y no cedemos. Después nos enojamos con Dios por no responder nuestras oraciones cuando en realidad los responsables somos nosotros.

En ese tiempo, también comencé a sentir mucha depresión y tristeza profunda. De pronto todas estas cosas que había en mi corazón salieron a la superficie. Todo esto cuando empece a buscar más de Dios y estudiar la Biblia. La condición de mi vida era el resultado de la condición de mi corazón. Y el enemigo lo sabe bien es por eso que usa las ofensas para hacernos tropezar y caer. Todo lo que había en mi corazón se reflejaba en mi vida exterior. Dios envió a su hijo Jesucristo a morir por nosotros en la cruz.

Pagó un precio muy alto para que nosotros ahora podamos vivir una vida en libertad y no cautiva. No tenemos que vivir atados a las ofensas en nuestro corazón. Un corazón sano y que ha sido transformado en la presencia de Dios no batalla en perdonar al que le ofendió, no batalla en mostrar amor a aquel que le ha ofendido. No guarda orgullo ni rencores. Ese es el amor que proviene de Dios. *"El camino de los justos es como la luz de un nuevo día, va en aumento hasta brillar en todo su esplendor."* (**Proverbios 4:18**) Lo que guardamos en nuestro corazón determinara hacia donde se dirige nuestra vida. Si queremos una buena vida, saludable y en victoria, debemos vigilar diligentemente qué es lo que permitimos en nuestro corazón. Es nuestra obligación evaluar la condición de nuestro corazón constantemente y cuidar que estemos viviendo de acuerdo a como Dios nos enseña en su Palabra. No olvidaré el día que le pedí perdón a mi esposo por guardarle tanto rencor y tantas cosas que tenía contra él. Lo recuerdo con nostalgia. Para mi era muy difícil pedir perdón. Antes de eso, no recuerdo cuantas veces le haya pedido perdón a alguien. No sabía pedir perdón, y no sabía perdonar. Dios había estado trabajando en mi vida, y me estaba enseñando la importancia de no guardar ofensas y tener un corazón saludable lleno de su amor. Sabía que el siguiente paso era ese, pedirle perdón a mi esposo. Era importante que lo hiciera para poder avanzar en mi vida y salir del estancamiento.

Cuando lo hice genuinamente (admito que solo fue con la ayuda de Dios) fue como si las compuertas de los cielos se abrieron. Sentí como si se desatoraron todas las bendiciones que estaban atoradas para mí, mi familia y los negocios. ¡Fue una victoria increíble! No quiero ni imaginarme el resultado de mi vida o matrimonio si no hubiese respondido al llamado de Dios de pedir perdón a mi esposo y soltar las ofensas. Un corazón ofendido bloquéa las bendiciones de Dios y los cielos se cierran. Sé que quizá estes en la misma situación en la que yo estuve. Quizá no puedes perdonar a un ser querido o tu cónyuge. Como resultado, sientes que todo está atorado en tu vida. Quizá estas enojado contigo mismo o con la vida y sientes enojo y rebeldía. Este es el resultado de no saber como soltar las ofensas y malas experiencias de la vida que guardas en el corazón. Quiero animarte a dar el paso. Abre tu corazón a Dios y recibe su gracia. Solo Él puede ayudarte a dar ese paso. Habla con Él y cierra cualquir puerta abierta en tu vida. Arregla esa situación con Dios y permite que Él comience a trabajar en tu vida. Coopera con lo que Él quiere que hagas y veras los resultados.

Es Un Proceso

El cambio es un proceso. No sucede de la noche a la mañana. Aveces sentimos que oramos y hacemos lo que Dios nos pide pero no vemos nada.

La verdad es que Dios está trabajando en lo íntimo de nuestro corazón. Debemos ser perseverantes buscando su rostro con paciencia en el proceso. Hay más de tres mil hermosas promesas en la Biblia para nosotros y cada promesa esta diseñada para ayudarnos en nuestra jornada de la vida. Aveces nos quejamos de los problemas que tenemos. Que por cierto muchos de los problemas que tenemos son el resultado de nuestras malas decisiones. Si embargo, no debemos quedarnos atorados en esos problemas y adversidades de la vida. Tampoco debemos tener temor o intimidarnos. Sé que esto es más fácil decirlo que hacerlo. Pero algo que aprendí de mi pastor es que cada problema o adversidad que enfrentamos, nos prueba para ver si confiamos plenamente en Dios o no.

No debemos quejarnos de los problemas porque estos nos ayudan a madurar y crecer espiritualmente si lo vemos desde la perspectiva correcta. Recuerdo un domingo que mi pastor predicó sobre los problemas y las promesas de Dios. Este era el sermón que necesitaba escuchar. Se enfocó en el libro de Éxodo cuando liberó al pueblo de Israel de la cautividad de Egipto. En la transición hacia la tierra prometida ellos se quejaron y murmuraron. Eso precisamente los mantuvo años estancados sin avanzar ni llegar a la tierra prometida.

No fueron agradecidos. Esa era yo. Constantemente quejándome por mi condición actual, mi matrimonio, mi vida y todo. Tenía el síndrome de víctima - "Pobrecita de mí, como sufro, todo va mal." El pueblo de Israel pasó años en el desierto cuando en realidad el viaje debió haber sido más corto. Le dieron vueltas al mismo monte sin avanzar hacia su destino. ¿Porqué? Por quejarse, por murmurar, por no vivir en gratitud. ¿Te quejas de tus problemas todo el tiempo? ¿Reniegas y murmuras constantemente de todo lo que te pasa? Los problemas son valiosos porque ¡nos pulen y nos refinan! Son valiosos porque revelan el verdadero carácter del corazón. Nos damos cuenta de quién realmente somos. Vayamos cambiando la perspectiva de una vez. Dios tiene soluciones a todos nuestros problemas y nada de nosotros le sorprende. Él conoce nuestro corazón y quiere ayudarnos. El problema muchas veces es que no estamos dispuestos a obedecer sus condiciones que son las que liberarán la provisión y la bendición. Dios estableció dos condiciones las cuales no han cambiado y aplican hoy en día para nosotros.

"Les dijo: Yo soy el Señor su Dios. Si escuchan mi voz y hacen lo que yo considero justo, y si cumplen mis leyes y mandamientos, no traeré sobre ustedes ninguna de las enfermedades que traje sobre los egipcios. Yo soy el Señor, que les devuelve la salud." **(Éxodo 15:26)**

#1 Nos pide que oigamos su voz atentamente. Dios nos habla todos los días de diferentes maneras. Debemos estar dispuestos a escucharlo. Él habla a través de su Palabra, de sueños, de personas. El escuchar atentamente implica que debemos callar. No podremos escuchar si a la vez siempre estamos hablamos. Si estamos siempre expuestos a los ruidos de la vida, hundidos en nuestros problemas y distraídos con todo lo que ocurre a nuestro alrededor. Aprendamos a escuchar la voz de Dios a través del desarrollo de una vida íntima en su presencia. La búsqueda continua con Dios nos permitirá conocerle más y distinguir su voz.

#2 Nos pide hacer lo que es considerado justo. Dios no solo nos pide que escuchemos su voz atentamente sino también obedecerle. Si le obedecemos entonces veremos cambios en nuestra vida, nos libramos de maldiciones que pueden cautivarnos y hasta podemos evitarnos una larga estancia en el desierto de los problemas. La conducta de Israel hizo que tardaran más en el desierto y no llegaran a su destino. Muchos quieren las promesas de Dios, pero no están dispuestos a escuchar su voz y obedecerle. Quiero animarte a apropiarte de las promesas de Dios mientras pasas por el problema.

No te rindas y responde con alabanza y gratitud. Mientras haces esto prepárate para recibir la provisión que necesitas y las bendiciones de Dios. Sé paciente y obediente.

Transformados

"No se amolden al mundo actual, sino sean transformados mediante la renovación de su mente. Así podrán comprobar cuál es la voluntad de Dios, buena, agradable y perfecta." Romanos12:2

Es muy fácil irnos con la corriente del mundo. Muy fácil adaptarnos a este mundo y la sociedad en la que vivimos. Hacer lo que esta "políticamente correcto" para ser aceptados en nuestra

> El plan de Dios para nuestra vida es una transformación radical y permanente.

sociedad. El plan de Dios para nuestra vida es una transformación radical y permanente. El no quiere solamente tapar los huecos o cortar las ramas secas de nuestra vida. Él va a la raíz del problema y de nuestro corazón. Para ser transformados en nuestra vida, la Biblia enseña que debemos renovar nuestra mente.

En lo personal, yo estaba llena de todo menos de la Palabra de Dios. Así que, al momento que llegaba la prueba y la adversidad, respondía con una mala actitud. Respondía con queja, murmuración, enojo y temores. Esta era mi respuesta y mi reacción en lugar de responder con la Palabra de Dios. Si queremos cambiar nuestra vida, debemos cambiar lo que llevamos dentro. ¿De qué estas alimentado tu vida y tu espíritu? Quizá con mucho Netflix, redes sociales, pecado, o quizá la Palabra de Dios. Esta última, transformará tu vida asi que escoge bien cómo y dónde ocupas tu tiempo.

Ordena las prioridades en tu vida y recuerda que el numero uno debe ser Dios. Escudriñar su Palabra producirá un cambio y una transformará tu vida. Tu perspectiva y todo cambiará. Su Palabra es como una espada que penetra hasta lo más profundo de nuestro ser, discierne los pensamientos y las intenciones del corazón (Hebreos 4:12). Su Palabra hará una operación en nuestro corazón que producirá un cambio extraordinario.

Metamorfosis

"Pero no basta con oír el mensaje; hay que ponerlo en práctica, pues de lo contrario se estarían engañando ustedes mismos."

Santiago 1:22

Capítulo 8

Es Hora de Accionar

Cuando nuestra situación llegó al punto en que estaba completamente fuera de mi control, me di cuenta de que tenía las siguientes opciones:

- Divorciarme de mi esposo.
- Quedarme en la cama deprimida y ver que la vida pasara
- Provocar un cambio, accionar y confiar en las promesas de Dios.

Opté por la última opción. Decidí creerle a Dios por un milagro ya que por mi parte, había tratado muchas cosas para que mi matrimonio cambiara pero todo empeoraba. Así que me rendí por completo a Dios porque El lo hace mejor. Nuestras decisiones y acciones determinan nuestro destino. Dios nos ha dado un propósito hermoso y específico a cada uno. Hay bendiciones disponibles para nuestro matrimonio, pero depende de nosotros que tomemos las decisiones correctas conforme a la voluntad de Dios.

Cada decisión nos lleva a un destino. Elije incluir a Dios en todo y accionar. No te des por vencido en tu matrimonio. Todos las relaciones matrimoniales pasan por tiempos difíciles y enfrentan situaciones que parecen imposibles de superar. Dios puede hacer el milagro si tú le das la oportunidad y haces lo que está de tu parte para que esa bendición fluya en tu matrimonio. Ahora que te he compartido todos estos puntos importantes, es necesario accionar y ponerlo en práctica como dice Santiago 1:22. En este capítulo te compartiré el plan de batalla que yo ejecuté para no perder mi matrimonio. Te compartiré 7 puntos que hice. Así que, ¡no más excusas! Es hora de reconocer que la única manera de ganar esta batalla por tu matrimonio es que Dios intervenga en tu vida, tus emociones, decisiones y todo. Es hora de soltar el peso que nos detiene de avanzar, los temores, las ofensas y las actitudes que nos tienen prisioneros. ¿Estás listo?

1. Alíneate A Dios

"Confía en el Señor de todo corazón y no en tu propia inteligencia. Reconócelo en todos tus caminos, y él allanará tus sendas. No seas sabio en tu propia opinión; más bien, teme al Señor y huye del mal."
(Proverbios 3:5-7)

Algo maravilloso sucede cuando nos entregamos por completo a Dios. Cuando le reconocemos y lo involucramos en todas las áreas de nuestra vida. Esto fue lo primero que hice. Me rendí a Dios y le dije que no podía más. En esos momentos me sentía sin esperanza pero había algo dentro de mí que me impulsó a orar, a alinear y enderezar mi vida a la voluntad de Dios y accionar. El versículo anterior dice que no seamos sabios en nuestra propia opinión. Aveces pensamos que estamos haciendo lo correcto y de pronto todo

Cada decisión nos lleva a un destino.

nos sale mal y es que olvidamos incluir a Dios en nuestra vida incluyendo los pequeños detalles. Cuando hice esa oración sincera y de mi corazón a Dios, supe que Él había escuchado.

Estaba decidida, estaba completamente determinada a hacer lo que fuese necesario para que Dios interviniera en mi matrimonio e hiciera algo. Me sentía como un león por dentro, lista para ir a pelear contra lo que sea con tal de recuperar mi matrimonio. Podía ver una chispa de luz dentro de mí, era la esperanza que solo Dios podía darme. ¡Lo necesitaba! Estaba lista para accionar y hacer lo que sea que Dios me pidiera. No sabía por donde comenzar, pues me sentía un desastre en mis emociones pero lo importante era comenzar.

Dios comenzó a trabajar con mi corazón. Me determiné a orar todas las mañanas sin falta, leer la Biblia y estudiar un pequeño libro que alguien me había regalado sobre el matrimonio que es de Dios. ¡Ahí estaba yo! Me sentía como una niña pequeña iniciando su primer día de escuela. Muchas cosas no entendía, pero decidí perseverar hasta el final. Seré honesta, al principio no note nada diferente. Mi relación con mi esposo no mejoraba, pero seguía orando, leyendo la Biblia y leyendo ese pequeño libro sobre la restauración del matrimonio. Pasaron algunas semanas y Dios comenzó a hablar a mi corazón sobre dejar el pasado atrás y ver lo que esta adelante. No podemos comenzar nada nuevo en nuestra vida o matrimonio cuando estamos aún aferrados al pasado, a lo que nos hicieron y a los errores que cometimos. Siempre que ocurría alguna discusión con mi esposo por cualquier cosa, yo lo atacaba con cosas de su pasado, cosas que había hecho que me habían lastimado y le ponía sobre la mesa una lista de deuda del pasado que había guardado en mi corazón. Eso me estaba afectando. Debía anular esa deuda así como Jesus anuló la mía al llevar todo a la cruz. Necesitaba la ayuda de Dios para dejar todo el pasado atrás, que me diera una nueva visión y perspectiva para ver lo que estaba adelante y más allá de mi circunstancia matrimonial. Cuando dejamos ir el pasado, es entonces que podemos ver hacia lo que está en frente con más claridad.

"Ahora dice el Señor a su pueblo: Ya no recuerdes el ayer, no pienses más en cosas del pasado. Yo voy a hacer algo nuevo, y veras que ahora mismo va a suceder. Voy a abrir un camino en el desierto y ríos en la tierra estéril."
(Isaías 43:18-19)

Solo por la gracia de Dios podemos lograr esto. ¡Será imposible en nuestras fuerzas! Si somos perseverantes en la oración, Dios será fiel para ayudarnos a ser capaces de dejar nuestro pasado atrás y ver hacia lo que está al frente. Otra cosa que Dios me guió a hacer aparte de perdonar, fue pedir perdón. De pronto sentía que debía hablar con mi esposo sobre el asunto del perdón. Pero una voz orgullosa dentro de mí me decía que no era necesario hacerlo. Honestamente, tuve que pelear con esto por varios días. Luego no pasaba ningún día sin que Dios me recordara *"Glenda, tienes que hablar con tu esposo y pedir perdón"* y por más que evadía la voz supe que tenía que ser obediente a lo que Dios me estaba indicando a hacer y no demorarme (el demorarse es igual a desobediencia). Tenía mucho orgullo dentro de mí, y tenía que rendirlo. Tenía que alinearme a Dios en esa área también. Me había comprometido con Dios en hacer todo lo que estaba de mi parte hacer (incluyendo lo que no me gustara) así que tenía que ceder y hablar con mi esposo. Una tarde le dije que tenía que hablar con él.

Inicié la conversación y le dije con sinceridad que le pedía perdón por haberlo ofendido como líder y cabeza del hogar. Perdón por haber usurpado el lugar que como hombre de la casa le corresponde. Mi excusa antes era que mi esposo no tomaba iniciativa en tomar las decisiones entonces la tomaría yo. Usurpe su lugar de líder y tome control. ¡Error! No importa cuál sea la razón o la excusa, ese trabajo Dios se le dio al marido, la cabeza de hogar. Quiera o no tomar ese lugar, a nosotras mujeres no nos corresponde tomarlo. No podemos controlar ni manipular. Debemos respetarle aunque el no tome iniciativa de nada, nuestro trabajo es orar por ellos y levantar el sacerdocio de la casa. Quiero que sepas que antes de hacer esto yo seguía mis tiempos de oración y oré en particular por esta conversación que tendría con mi esposo. Le pedí a Dios que me diera el valor para hacerlo y hacerlo sinceramente de mi corazón. Quizá tú como yo, pienses "Si yo le digo eso a mi esposo es como si le doy más alas para volar." Quizá pienses que él tomará ventaja. Quiero que sepas que las cosas que Dios nos dice que hagamos, hay que hacerlas y punto. No podemos poner excusas, no podemos pensar si esto o si aquello, se trata de ser obedientes a lo que Dios nos pide y de hacer el trabajo que nos corresponde primero, para después cosechar buenos frutos. Debemos obedecer y accionar sin demora.

Cuando salio la palabra perdón de mi boca, pude ver los ojos de asombro en mi esposo. Dudo que él esperaba que yo le dijera eso. Pero a partir de ese día, fue como si algo se rompió en el ámbito espiritual. Hago un paréntesis aquí para decirte que muchas veces no vemos respuesta a nuestras oraciones, no vemos resultados ni milagros porque nosotros mismo lo estamos deteniendo con nuestra propia desobediencia. Yo estaba deteniendo muchas bendiciones en mi matrimonio. El momento que accionas en obediencia, veras los rompimientos. Fue algo sobrenatural, porque sé muy bien que en mis propias fuerza yo no podría pedirle perdón a mi esposo ni dejar ir las ofensas de mi corazón. Por la gracia de Dios sé que esto fue posible. Comencé a ver las cosas más claras, entre más continuaba orando y meditando en la Palabra de Dios cada día, sentía que era la dosis que necesitaba y no podía faltarme. ¿Por qué no había comenzado esto antes?. Ahora, despertaba cada día con esperanza, ya no veía los días grises. No había mucha diferencia en mi relación matrimonial aún, pero Dios me dio una visión nueva. Una perspectiva nueva. Ahora veía con los ojos de la fe, no de duda o desesperanza. Eso es lo que hace la oración y el meditar en su Palabra. Toma la decisión de alinear todas tus emociones a Dios ahora. No dejes pasar el tiempo. Comprométete con Dios a buscarle con todo tu corazón a través de la oración, a leer y meditar en su Palabra que es el instructivo que nos dejo para seguir. Permite que Dios te indique que áreas de tu vida debes corregir. Es necesario que perdones y pidas perdón. Que dejes el pasado atrás y veas hacia lo que Dios quiere darte, lo que esta al frente.

2. Trabaja En Ti Primero

Todos hemos escuchado cuando nos montamos a un avión como parte de los anuncios estándares previos al vuelo, la asistente nos indica que "si hay algún cambio en la presión de la cabina, uno debe colocarse la máscara de oxígeno primero, antes de ayudar a otros." Estaba convencida de que el cambio comenzaría en mí. No podía seguir quejándome ni culpando a todo el mundo. El cambio comienza en uno mismo. Basta de culpar a mi esposo, basta de la queja y lloriqueos, era hora de trabajar en mí y permitirle a Dios hacer lo que tenía que hacer en mí. Tenía que comenzar a trabajar en esas áreas desalineadas en mi vida. Así que decidí como parte del proceso, dejar de culpar a mi esposo, quejarme menos, y enfocarme en lo que Dios estaba pidiendo de mí. Tenía una rutina hermosa cada mañana encontrándome con Dios a través de la oración y lectura de su Palabra. Uno puede sentirse tentado a dejar de hacerlo cuando no ve nada, pero Dios siempre está trabajando detrás de escena. Aunque no lo puedas ver, Él siempre está trabajando mientras tú te enfocas en buscarlo y ser obediente a lo que pide. Tengo que admitir de nuevo ¡No fue fácil! Pero de la mano de Dios, se avanza un día a la vez y con su gracia todo es posible. Debo resaltar en esta sección algo que cambio mi vida por completo. Implementar un estilo de vida de oración continua, fue algo que trajo cambios poderosos y radicales a mi vida y matrimonio. Más adelante en este capítulo hablaré del poder que produce la oración pero esto ha sido clave en mi vida hasta el día de hoy. No puedo dejar ese estilo de vida ya que la oración es necesaria y sé que cuando descuido esa parte, todo comienza a caerse. Así que, si tu esposo te critica y actúa con comportamientos indiferentes por lo que estas haciendo, solo se paciente. Procura ser prudente al hablar.

Si no tienes nada lindo para decir, es mejor quedarse callado. Nosotras las mujeres somos buenas para defendernos, para pelear, quejarnos y todo esto. Pero aquí es la parte donde somos probadas. Hay que aprender a callar. Si no puedes, pídele ayuda a Dios cada mañana. Que frene tu lengua de hablar cosas que no debes. Callar en sabiduría, no con enojo e indiferencia. Debemos aprender a hablar lo que edifica. *"El que mucho habla, mucho yerra; el que es sabio refrena su lengua."* **Proverbios 10:19.** -*"La respuesta amable calma el enojo, pero la agresiva echa leña al fuego."* **Proverbios 15:1**

Aparte de orar y leer la Biblia, comencé a escuchar enseñanzas y leer otros libros que me ayudarían a entender más sobre mi función como esposa. Necesitaba que mi fe estuviera firme y fuerte especialmente mientras pasaba por esa etapa de mi vida. La Biblia dice: *"la fe viene por el oír y el oír por la Palabra"* (**Romanos 10:17**). Así que, me tomé esto muy enserio. Tenía que crecer en mi fe. Amo la música, es parte de mí, soy una adoradora de corazón. Siempre estoy escuchando música. En el carro, en la casa, cuando lavo, cuando cocino. Pero decidí que cada vez que me subiera al carro para ir algún lugar, escucharía una enseñanza o alguna prédica que edificara mi vida. Cuando cocinaba, ponía un podcast, una prédica, una enseñanza. Mientras me maquillaba, mientras limpiaba, mientras doblaba ropa, mientras todo. Esto llevo mi fe a otro nivel. Dios estaba trabajando con mi corazón, mientras más escuchaba, más mi vida interior se estaba restaurando y sanando. Dios es fiel a su Palabra, y Él cumple lo que promete. Sabía que entre más estaba ahí deseando más de Él, algo bueno estaba ocurriendo en el ámbito espiritual. Entonces pasó algún tiempo y me sentí lista para ir más allá. Ya no sentía ese rencor y amargura por mi esposo. Dios había sanado todas esas grietas en mi corazón, un corazón que había estado tan duro y sin esperanza. Había pasado todo ese tiempo escudriñando su Palabra y buscando agradarle y obedecerle.

Me sentía lista para interceder intensamente por mi matrimonio. Comencé a orar por mi esposo con una pasión ferviente como nunca había sentido. Entendí que ese periodo de tiempo Dios me tenía trabajando en mí primero para poder sanar el corazón ofendido y después entrar con fuerza y valentía a la batalla de intercesión por mi matrimonio.

Oración:

Padre, me comprometo contigo a buscarte con todo mi corazón. A separar tiempo para ti primero antes que cualquier compromiso en mis días. Reconozco que hay áreas en mi corazón que deben sanar y solo tú puedes hacerlo. Me comprometo a buscarte y escudriñar tu Palabra por la cual tú nos instruyes y nos hablas. Solo puedo lograrlo con tu ayuda. Pido tu gracia para poder cerrar mi boca cuando sienta decir cosas que herirán a mi cónyuge y lastimarán su corazón. Te doy gracias que estas conmigo, me amas y solo contigo soy más que vencedor. Amén.

3. Opera En Tu Función

En el periodo de tiempo de oración, de búsqueda, y de espera, comencé a practicar el operar en mí función de esposa. Hablo sobre la función de la mujer más detallado en el capítulo 5. Puedes regresar si es necesario pero es importante que comiences a practicar eso lo antes posible.

El cambio comienza en ti ¿recuerdas? eso quiere decir que hay que comenzar a practicar esas cosas que como esposa y ayuda idónea nos corresponde, sin esperar nada a cambio. Recuerdo que no fue fácil para mí pero cada mañana esta era mi oración:

"Señor, ayúdame a ser la mujer que mi esposo necesita. A ser ayuda para él, a respetarlo, honrarlo y hacer lo que me corresponde hacer. Sé que es posible si tú me ayudas y estas conmigo cada día."

La verdad no estaba acostumbrada a la idea de someterme en todo. Era algo nuevo para mí, pero esto es lo que Dios nos pide y la sumisión es una decisión. Uno decide someterse o no al esposo. Son las instrucciones específicas que nos ha dado Dios. Si piensas que tu esposo no es un buen líder, nuestro trabajo es orar por él para que Dios levante el sacerdocio de la casa. *Ahora bien, quiero que entiendan que Cristo es cabeza de todo hombre, mientras que el hombre es cabeza de la mujer y Dios es cabeza de Cristo"* **1 Corintios 11:3**. Había días que me frustraba, pero Dios me volvía al redil. Recuerda - es un día a la vez. Comencé a notar que esto le agradó a mi esposo. Él comenzó a ser diferente conmigo, más amable y más atento. Había días que me decía que quería orar conmigo. ¿Cómo, orar juntos? ¡No podía creerlo!. Nunca me había dicho estas cosas, ahora estaba viendo como todo comenzaba a alinearse y a fluir.

Sentía que era como una sinfonía creando una hermosa melodía. ¡Impresionante! Comenzaron a suceder cosas que sabía que solo Dios podía hacer. Cuando te sometes a Dios y determinas obedecerle, te va a sorprender. Mantente enfocada en operar en tu función con un corazón servicial, sometido y amoroso. Todo esto es posible de la mano Dios. Recuerda que se trata de dar y no de recibir. Es tiempo de dar ahora y el fruto vendrá si somos perseverantes.

Quizá tú no quieres invertir en alguien que no quiere dar ahora porque necesitas que te muestre amor y respeto a ti también. De nuevo te digo,

> *Los vacíos del corazón se llenan en la presencia de Dios.*

eso lo recibiremos cuando nosotros empecemos a dar primero. Cuando siembras amor, el fruto que cosecharas eventualmente es: AMOR. Esto será inevitable. No esperemos llenar los vacíos del corazón esperando algo de otras personas. Los vacíos del corazón se llenan en la presencia de Dios. Solo Él puede llenarnos y saciarnos. Y de esa postura es que nosotros podemos dar y operar en amor. Así que, si ahora no estas recibiendo amor, respeto y cariño de tu esposo, sigue llenándote de Dios.

Llénate a diario, conviértete en un recipiente lleno del amor de Dios. Solo así podrás darlo y así podrás recibirlo. Escoge ceder, someterte y honrar a tu esposo. Esta es una forma de honrar a Dios. Cambia tu perspectiva sobre la sumisión de una perspectiva humana a una espiritual. Piensa que cada vez que tú escoges someterte, honrar y respetar a tu esposo, lo estas haciendo como para Dios.

"Le haré ayuda idónea para él" **Génesis 2:18**
"Las casadas estén sujetas a sus propios maridos..." **Efesios 5:22**

4. No Le Ayudes A Dios
"Más bien, busquen primeramente el reino de Dios y su justicia, y todas estas cosas les serán añadidas." Mateo 6:33

Una de las cosas que principalmente debemos enfocarnos, es buscar de Dios primero. Cuando lo buscamos primero y Él es el numero uno en nuestras prioridades, Él hará todo lo que nosotros no podemos hacer. Todo vendrá por añadidura. Recuerdo que una manera en como trataba de ayudarle a Dios era diciéndole a mi esposo todo el tiempo lo que tenía que hacer. Algunos ejemplos - "¿ya leíste la Biblia, por qué no has orado, no seas de esa manera, por que no te unes al equipo de voluntarios de la Iglesia?"

Entendí que yo no debo presionar a mi esposo, de otra manera él se fastidiará y menos buscará de Dios. Mi trabajo en este caso es enfocarme en Dios, operar en mi rol de esposa, buscarlo y creer que Él obrará en el tiempo correcto. La espera es un proceso. No quiere decir que no está sucediendo algo. Mientras esperas, Dios está trabajando y vendrá un derrepente. Quizá te impacientes y llegues a pensar que nada pasará. Debemos mantenernos cerca de Dios, buscarlo ante todas las cosas y obtendremos el milagro. Otra cosa es que no debemos apuntar los errores del cónyuge. Debemos ser cuidadosas de no juzgar. Dios será el que tratara con su corazón. Si estas activa en la oración por tu matrimonio, puedes estar segura de que Dios está trabajando en su vida. Algo está haciendo Dios. Recuerdo cuando empece a orar por mi esposo y me propuse ser más cuidadosa en como le hablaba, cuando nos molestábamos por algo, en lugar de juzgar lo que pensaba que estaba mal en el, mejor oraba sobre esto. Siempre le pedía a Dios que tomara control total de mí y mi relación. Oraba por mi esposo para que Dios lo activara en su función como sacerdote y líder de nuestro hogar. Ahora, debemos tener cuidado como oramos. Sé que hay mujeres que oran pidiéndole a Dios que lo cambie, pero nunca oran por ellas mismas para que haya un cambio en ellas primero y luego poder operar efectivamente en su función.

Es importante cambiar nuestra oración de "Señor cambia a mi esposo, cambia a mi esposo, cambia a mi esposo" por "Señor bendice a mi esposo, levanta el sacerdocio de la casa, que te busque en espíritu y en verdad. Declaro que Él es un hombre valiente y esforzado, íntegro y honesto, un hombre conforme a tu corazón. Haz tu obra en él." Mi punto es que nuestra oración a veces es egoísta, queremos que Dios haga lo que nosotros queremos ver en el cónyuge. Nuestra oración debe ser una que es conforme al corazón de Dios. Nuestro trabajo como esposas es levantar el sacerdocio en nuestra casa y ayudar al esposo a cumplir su propósito. Este es un llamado especial que no muchas mujeres están dispuestas a hacerlo. Nuestro trabajo no es apuntar errores al cónyuge, juzgarlo y recordarle lo que debe o no debe hacer. Nuestro trabajo como esposas es mantener una relación íntima con Dios llevando en oración el sacerdote y líder de la casa.

5. Ajusta Tus Prioridades

Creo que otro de los errores en el matrimonio es que las prioridades no están en orden. Para muchos, su trabajo es primero, o sus hijos, quizá sus sueños o profesión. Quizá tu prioridad número uno sea Dios, pero el numero dos es tu trabajo y tu cónyuge esta al tercer lugar o al final. ¿Cómo se ve tu lista de prioridades? En lo personal, mi prioridad era Dios, pero ponía otras cosas y personas antes que mi esposo y eso llego a ser un problema.

Crecí toda mi vida sirviendo en la iglesia, tocando el piano y cantando desde los ocho años. Para mí servir a Dios siempre ha sido parte de mí y amo hacerlo. Sin embargo cuando me case, Dios me enseñó sobre la importancia de las prioridades. Me di cuenta que si no ajustaba eso, podía perder mi matrimonio y abortar mi destino. Entendí que mi mayor ministerio es mi familia. Dios me dejo como tarea amar, servir y ayudar a mi esposo. Pero claro, eso no lo aprendí de la noche a la mañana. Lo aprendí después de todos los problemas que casi nos llevaron a la separación. Comencé a buscar y a escudriñar lo que Dios quería que yo como mujer hiciera y cambiara. Una de esas cosas eran mis prioridades. Con todo mundo quedaba bien, la Iglesia, los pastores, mis amigas, mi negocio, y a mi esposo lo tenía descuidado. En ese periodo de tiempo, la relación de mi esposo con Dios era muy casual, nada serio. Yo no veía a mi esposo apasionado por Dios, por buscarlo o servirlo para nada. Su interés no era Dios. Pero esto cambió cuando mis prioridades cambiaron. Quiero que te des cuenta de la importancia de tus decisiones. Tus decisiones impactan y afectan tu alrededor. Cada una de tus decisiones tienen un efecto en las personas que te rodean. Con la ayuda de Dios me propuse a ordenar mis prioridades. Hablé con mi esposo para quedar en acuerdo el tiempo que estaba bien con él que yo ayudara en la iglesia.

Aprendí una palabra muy importante que debí aprender hace tiempo. Esa palabra es "NO". Tuve que decir "NO" a muchas cosas, entre ellas cosas de la iglesia. Ayudaba en la Iglesia pero tuve que dejar de ayudar en algunas cosas para no descuidar mi familia. Sabía que una vez que ordenara eso, vendría el tiempo en que ayudaría otra vez en las áreas necesarias. Dije "NO" a amistades, a actividades con otras personas y ocupé mi tiempo para estar más con mi esposo, atenderlo y pasar tiempo de calidad con él. Claro, esto no quiere decir que te vas a salir de la iglesia, que ya no vas a ir, esto no es una excusa para enfriarte espiritualmente. Por favor, no me mal interpretes. Mi punto aquí es que debes atender primero a tu esposo. En tu lista de prioridades, después de Dios, debe ser tu esposo y tu familia. Hay personas que tienen a sus hijos en un pedestal, como un dios. Todo lo que hacen es primero para ellos o sus familiares, pero al esposo lo tienen olvidado. Por eso el divorcio. Para otros, su prioridad número uno es su negocio, sus sueños, o sus metas. Recuerdo que comencé a darle tiempo a mi esposo. Le cocinaba, veía una película con él, lo acompañaba a lugares, salíamos a comer. Deje muchas actividades externas y pase más tiempo con él. Uno de mis sueños siempre ha sido servir a Dios y a otros en el ministerio. Pero en ese tiempo sentí que Dios me dijo "Dejaras eso por un tiempo.

Enfócate en amar, ayudar y servir a tu esposo, y entonces lo demás vendrá." Al principio me dolió porque yo quería hacer muchas cosas en la Iglesia y otros proyectos del ministerio. Pero Dios cambió mi perspectiva decidí y obedecer. Me dediqué más a mi esposo en ese tiempo. Luego después de un par de años (que por cierto pasaron muy rápido) comenzó una pasión ardiente en mi esposo por servir a Dios y a los demás. ¡No podía creerlo! Mi esposo empezó a cambiar mucho para bien. Y a medida que Dios tocaba su corazón y transformaba su vida, las puertas de oportunidades se fueron abriendo aún más para los dos. Sentimos literalmente un alineamiento en el matrimonio. Algo hermoso que yo sé que solo puede hacerlo Dios. Ahora mi esposo sirve a Dios apasionadamente y nuestro hogar no es el mismo. Nada es lo mismo. Todo ha cambiado para bien. Cuando hay alineamiento con Dios y el sacerdocio de la casa se levanta, Dios comienza a alinear todo, absolutamente todo y se vive en el propósito divino. Familia, salud, finanzas, negocios...¡todo! Valió la pena obedecer a Dios, invertir en mi esposo primero y entonces en su tiempo todo sucede de acuerdo al plan divino de Dios. Quizá tú necesitas hacer lo mismo. ¿Será que Dios te está llamando a ajustar tus prioridades?

Sé que para muchos no es fácil. Pero nuestra prioridad numero uno debe ser empezar nuestro día con Dios. Si Dios no es nuestra prioridad, viviremos un desierto, miserables y sin propósito. David escribió lo siguiente: *"Dios, Dios mío eres tú; de madrugada te buscaré; mi alma tiene sed de ti; mi carne te anhela en tierra seca y árida donde no hay aguas."* (**Salmo 63:1**) Revisa tu lista de prioridades y haz una evaluación de cómo te está yendo. Asegúrate de usar las primicias de tu tiempo buscando a Dios para llenarte espiritualmente y no descuidar a tu esposo y tus hijos.

6. Ora, Ora, Ora

Escuché a mi Pastor (John Hagee) decir: *"Un poco de oración: un poco de poder. Más oración: más poder. Mucha oración: mucho poder."* Un hijo de Dios que no ora, es un cristiano débil y sin poder. Dios tiene todo disponible para nosotros, y está ahí para los que aprenden el secreto de la oración. La oración es esencial en la vida de un cristiano. **Efesios 6:18** dice: *"Orando en todo tiempo con toda oración y súplica en el Espíritu, y velando en ello con toda perseverancia y súplica por todos los santos."* Lamentablemente la gente solo ora cuando se encuentra en problemas y ya no tienen otra alternativa. Dejan la oración como última opción. Dios no quiere las sobras, Dios anhela lo primero de nosotros. Él anhela una relación personal e íntima con sus hijos.

Queremos y demandamos ver milagros y resultados departe de Dios pero no queremos comprometernos con Él ni buscarlo a través de la oración. Encima, la gente se enoja porque Dios no responde de inmediato cuando ni siquiera viven una vida de oración. No entiendo por qué hacemos esto. Dios tiene tantas bendiciones listas para sus hijos pero debemos ORAR y hacer un compromiso de buscarlo a diario no solo los domingos en la iglesia o cuando nos enfrentamos con graves problemas.

Recuerdo las discusiones y los desacuerdos. Me sentía sola y sin saber qué hacer. Todo se intensificó y sabía que en medio de los desacuerdos el enemigo estaba ganando territorio. Cuando me determiné a alinearme a Dios, permitirle que transformara mi vida, y pelear por mi matrimonio, la oración fue una de las llaves para ganar la batalla. Me comprometí cien por ciento a la oración y buscar a Dios como estilo de vida hasta ver resultados. Oraba en la mañana, oraba en la tarde, oraba en la noche, oraba en los recesos en mi trabajo. Nada podría pararme porque realmente quería ver resultados. Entré a la batalla para ganar mi matrimonio y estaba muy enserio hasta ganar. Esto de ninguna forma significa que lo hice con armas naturales. Tome mi lugar de esposa. Cada día le pedía a Dios que me ayudara a ser prudente al hablar. Era una lucha de todos los días.

Poco a poco y por la gracia de Dios fui cambiando hábitos y comportamientos en mi vida y hacia mi esposo. Recuerdo que cuando él se iba al trabajo, yo estaba en casa y me ponía a orar en voz alta orando y ungiendo su ropa, su almohada, el lado de su cama, sus zapatos, todo lo que tenía que ver con él. Oraba por restauración en el matrimonio, oraba por el amor de Dios en nuestra relación, por que Dios nos hablara y restaurara el liderazgo y sacerdocio. Esto lo hice hasta ver resultados. Dios transformó nuestras vidas y perspectiva. Puedo decir que mi esposo el día de hoy es un hombre completamente trasformado. Un hombre que ama a Dios y su deseo primordial es agradarle. Un hombre que vive en discernimiento departe de Dios y que ha tomado la posición de líder en el hogar. Eso fue el resultado que se obtuvo cuando decidí dejar de pelear en mis fuerzas y comprometerme a orar y enfocarme en Dios primero para que Él hiciera el resto. No te enfoques en como es tu esposo, en como te gustaría que actuara, o en sus errores. Cuando te enfocas en Dios, lo honras y haces tu trabajo, Él hará todo lo demás. Mi esposo comenzó a tener experiencias sobrenaturales e inexplicables. Dios comenzó a revelarse en su vida.

> *Es hora de accionar,*
> **¡no más excusas!**

La primera vez que me platicó una experiencia, mientras lo escuchaba no mostré ninguna reacción en mi rostro, pero por dentro estaba tan emocionada porque sabía que Dios había comenzado la obra en su vida. Las experiencias sobrenaturales siguieron y Dios me enseño a no apuntar los errores de mi esposo o juzgarlo, solo orar por él, bendecirlo, ayudarlo, pero sobre todo: ¡ORAR! Si no hubiera comenzado a orar, no hubiera podido pedirle perdón, ni operar en mi función. ¡Nada! Cuando hay oración de por medio, Dios prepara nuestro corazón, lo sana, lo restaura, cambia la atmósfera de caos en el hogar por una atmósfera de paz, amor y restauración. En una ocasión estaba hablando con una pastora y le expresé mi frustración ya que mi esposo no mostraba interés en buscar a Dios. Recuerdo lo que me dijo -*"Glenda, no te enfoques en los problemas ni los errores de tu esposo. ¡Avanza tú! Avanza en la oración y en la búsqueda continua con Dios. Enfócate en eso y veras que muy pronto, tu esposo te alcanzará en la carrera de la vida."* Y así sucedió. Me enfoqué en amar más a Dios, en orar y buscarlo fervientemente todos los días de mi vida y conocerlo más. No me enfoqué en los problemas, me enfoqué en Dios e intensificar mi relación con Él. ¡Y de repente!, mi esposo estaba ahí listo para buscar de Dios, determinado en servirlo y vivir una vida para agradarlo en todo. ¡DE REPENTE! Dios es experto en los "de repentes."

Él te sorprenderá y verás las cosas que hará a tu favor cuando oras y haces lo que te instruye. ¿Cómo esta tu vida de oración? Te animo a hacerte una evaluación. Ahí están las respuestas a todo. ¿Tienes problemas en tu matrimonio? ORA. ¿Estás enfermo? ORA. ¿Tienes problemas financieros? ORA. ORA. ORA. La oración tiene mucho poder. Esto es clave para ganar la batalla para que tu matrimonio sea restaurado. No sigas dándole trofeos al enemigo. Arrebátaselos, cierra toda puerta abierta en tu vida, cuida lo que hablas, lo que sientes, lo que piensas y comienza a orar y buscar la voluntad de Dios. *"..la oración eficaz del justo puede mucho."* **Santiago 5:16.**

7. Sé Perseverante y Paciente

Esta batalla es de valientes. Enfrentarás días que te sentirás como rendirte y soltar todo. ¡CUIDADO! En esos momentos busca aún más de Dios. Solo Él puede darte la resistencia para continuar. Cuidado con las voces extrañas del enemigo que vienen a decirte: "mira ya ves, nada ha cambiado, mejor ríndete. Dios no te escucha, todo es en vano" Debes discernir esas voces y aprender a callarlas en el campo de batalla de tu mente. Es importante que estes activo en la Palabra de Dios para que sepas discernir, abortar esos pensamientos y reemplazarlos con las promesas de Dios para tu vida.

Quizá te sentirás agotada, sin fe, frustrada, triste, solitaria. Pero no importa, en esos momentos es cuando debes resistir y seguir perseverando porque puedes estar muy pero muy cerca de la victoria. Debes ser perseverante y no cansarte. La Biblia dice en **Gálatas 6:9** *"No nos cansemos, pues, de hacer bien; porque a su tiempo segaremos, si no desmayamos."* Tu oración no es en vano, ninguno de los cambios que Dios te dijo que hicieras en tu vida son en vano. Recuerda, Dios trabaja detrás de escena. Aveces no vemos nada en lo natural, pero en espiritual, Dios está trabajando y haciendo algo. Hay un dicho que dice "Tu actitud determina tu altitud." En esta batalla me di cuenta de qué tan importante es nuestra actitud para ganar. Es decir, tu manera de ser durante este proceso, afectarán tus resultados. Como actúas, como hablas, como piensas, como te expresas. Todo cuenta. Quizá tú dices, "esto es muy difícil" y la verdad si es difícil si lo quieres hacer sola. Pero con Dios, TODO ES POSIBLE. **Salmos 18:34** dice: *"Quien adiestra mis manos para la batalla.."* Dios te entrenará para la batalla, no tienes que tener miedo, ni pensar en que será imposible, ni pensar en que a tu esposo nadie lo puede cambiar. Te tengo buenas noticias, Dios es el Dios de lo IMPOSIBLE, y si tú te comprometes con Él, Él se compromete contigo. Te dará las estrategias necesarias para ganar, te equipará y te enseñará cómo. Él adiestra tus manos para esta batalla que tú sola no puedes ganar.

Se gana solo con Él porque Él nunca pierde.

Oración:

Amado Jesús, gracias por mi matrimonio. Perdón por ser pasivo y no operar en la función que me corresponde. Reconozco que he peleado con armas naturales pero hoy me rindo por completo para que me adiestres y equipes. Me determino a accionar y no estar más en la zona de comodidad ni conformarme a mi situación si no operar en la función que me fue asignada por Ti. Estoy en tus manos, te entrego mi vida y mi matrimonio. Gracias por las estrategias divinas y por la restauración.

Amén.

Es Hora de Accionar

"Si el Señor no edifica la casa, en vano trabajan los que la edifican."
Salmos 127:1

Capítulo 9

Un Matrimonio Victorioso y Maduro

Un matrimonio feliz y conforme al corazón de Dios no sucede por accidente. ¡Es intencional! Uno debe invertir y trabajar en eso. Es un trabajo y un proceso. Se le dedica tiempo y esfuerzo. Lamentablemente, mucha gente no está dispuesta ni comprometida a luchar por su matrimonio. Sin embargo, no saben el gran poder y potencial que tiene un matrimonio unido, en acuerdo y que opera en obediencia a Dios. Siempre he admirado los matrimonios unidos de edad avanzada. Matrimonios llenos del amor de Dios que inspiran. Aquellos que juntos logran cumplir el propósito de Dios en sus vidas y los frutos de la bendición son visibles en todo. Mis pastores han sido ese ejemplo para mí. Ellos son lo que llamo un matrimonio maduro, victorioso y a prueba de fuego. He aprendido mucho de ellos y su ministerio. Mi oración es que podamos tener la revelación de Dios del verdadero significado del matrimonio y su potencial. Que el matrimonio es un pacto y no solo un contrato casual entre dos personas.

Es mucho más que eso. Que conozcamos nuestra función, operar en ella y aspirar a tener un matrimonio en victoria y con madurez. Dar todo lo que está de nuestra parte obedeciendo los principios de la Palabra de Dios. Que cada año y cada aniversario el amor en el matrimonio sea con mayor entendimiento, más fuerte y más profundo. ¡Es una decisión! Uno debe estar dispuesto a lo que sea por defender el pacto sagrado del matrimonio y aspirar a vivir en un amor de madurez. Ese tipo de amor es aquel que ha pasado las etapas ciegas del amor - después de la luna de miel (cuando todo es mariposas en el estómago, rosas, violines, y todo es maravilloso). Un amor maduro es aquel que conoce la realidad de su cónyuge, su condición humana con fallas e imperfecciones y le acepta tal y como es. Muchas personas se decepcionan y se desilusionan en esta siguiente etapa y deciden divorciarse para volver a la primera (el de las mariposas..con alguien más sin estar dispuestos a luchar por su matrimonio). Mi decisión fue seguir con mi esposo y no solamente quedarme con él para pasar la vida con alguien. Si no hacer de nuestro matrimonio uno que sea saludable, victorioso, maduro y en propósito. Sé que me faltan aún muchos años en el matrimonio, pero le doy gracias a Dios que hasta aquí, Él ha estado con nosotros. Este amor de madurez no es aburrido, al contrario, es una etapa maravillosa y mucho más transparente y genuina que las etapas anteriores.

Quiero llegar a eso y envejecer feliz cumpliendo el propósito de Dios y asignatura al lado de mi esposo. Hablemos un poco más de este amor de madurez. ¿Qué significa esto? Este es el amor de 1 Corintios 13.

"El amor es paciente, es bondadoso. El amor no es envidioso ni jactancioso ni orgulloso. 5. No se comporta con rudeza, no es egoísta, no se enoja fácilmente, no guarda rencor. 6. El amor no se deleita en la maldad, sino que se regocija con la verdad. 7. Todo lo disculpa, todo lo cree, todo lo espera, todo lo soporta. 8. El amor jamás se extingue, mientras que el don de profecía cesará, el de lenguas será silenciado y el de conocimiento desaparecerá."

¿Cómo es tu amor por tu cónyuge? Te animo a meditar en estos versículos de la Biblia y hacerte una evaluación del amor hacia tu cónyuge.

¿Cómo lograr ese amor de madurez?

Sé que uno puede llegar a este amor si lo decide y si hace lo que sea necesario para hacer que este crezca. Hay principios bíblicos que son prácticos para que este amor crezca y madure.

Cuando uno los aplica uno cosechará los frutos y ese amor permanecerá fuerte ante cualquier reto o desafío que se presente. Enseguida te comparto los siguientes puntos para practicarlos y trabajar en llegar a ese amor y matrimonio fuerte y maduro.

1. Controla la lengua. La Biblia habla sobre esto. Dice que la lengua es el músculo del cuerpo que es más difícil de controlar. **Santiago 3:9-10** dice: *"Con la lengua bendecimos a nuestro Señor y Padre, y con ella maldecimos a las personas, creadas a imagen de Dios. 10. De una misma boca salen bendición y maldición. Hermanos míos, esto no debe ser así."*

Quiero enfatizar lo importante que es hablar bendición y hacerlo constantemente. Conozco parejas que se maldicen el uno al otro todo el tiempo. Se dicen cosas humillantes y sin respeto. Incluso he visto personas que ofenden al cónyuge en público. Enfrente de familiares y amigos. La mejor manera de destruir un matrimonio es ofendiéndose y atacándose mutuamente. Creo que este principio lo tenemos que aplicar todos, tanto hombres como mujeres. Yo tuve que aprender y creo que esto es algo de toda la vida. Yo no tenía ningún problema con decir lo que pensaba. No ponía ningún tipo de filtro al hablar. Hasta que tuve que hacer cambios y aprender a pensar antes de hablar, hablar lo correcto y bendecir a mi esposo constantemente.

Debemos practicar este principio hasta que se vuelva un hábito para nosotros. Si queremos un matrimonio que perdure, es necesario controlar nuestra lengua, hablar con respeto y comenzar a bendecir. Cuando estamos constantemente quejándonos de todo, murmurando del cónyuge y renegando, nos vamos a estancar. Las palabras de aprobación y bendición traen sanidad y avivan el fuego en la relación.

2. Admite tus errores.

Debemos decidir dejar el orgullo a un lado si verdaderamente queremos llegar a vivir en un amor de madurez. **Santiago 5:16** dice: *"Por eso, confiésense unos a otros sus pecados, y oren unos por otros, para que sean sanados. La oración del justo es poderosa y eficaz."*

Sé que este versículo lo usan generalmente para personas que están enfermas físicamente. Pero creo que también podemos aplicarlo a un *matrimonio enfermo* y fracturado emocionalmente. Debe haber honestidad en la relación, debemos abrir el corazón y confesar cualquier cosa que impida que la relación crezca y madure. A veces por causa del orgullo no nos abrimos y nos resistimos. No confesamos los errores el uno al otro y no pedimos perdón. No podemos pasar nuestra vida tratando de defender nuestro punto y tener siempre la razón.

Uno debe reconocer sus errores, pedir perdón y seguir adelante. Y cuando hacemos esto entonces ocurren los milagros y le damos el espacio y la oportunidad a Dios para hacer cosas maravillosas.

3. Cambia tú, no a tu cónyuge.

Hablamos de esto en el capítulo 3 y quiero recordarte la importancia de esto. Yo batallé mucho con esto. No se logrará absolutamente nada queriendo cambiar al cónyuge, será imposible. Debemos parar de controlar, manipular, apuntar errores de inmediato. También debemos dejar de pedirle a Dios la típica oración de que cambie al cónyuge cuando sabes que tú necesitas un cambio urgente también. Te recuerdo, nuestra tarea o responsabilidad no es cambiar a nuestro cónyuge, solo nosotros mismos. Debes de encargarte de cambiar tú y Dios se encargara de cambiar a tu cónyuge. Acepta a tu esposo o esposa con amor incondicional y permite que Dios haga los cambios necesarios mientras tú obedeces lo que Dios dice y oras bendiciendo tu matrimonio.

4. Mantén el tanque del amor lleno

No podremos ofrecer amor verdadero y genuino si no vivimos en el amor de Dios.

Este amor muestra dulzura y presta atención a las necesidades del cónyuge. No podemos graduarnos a la etapa del amor y matrimonio maduro sin ser atentos al cónyuge. Atentos a sus necesidades, sus sentimientos, lo que le gusta, le disgusta, sus fortalezas, sus debilidades. Con el paso del tiempo, la llama del amor puede apagarse si no la cuidamos. Así que es importante que operemos en amor y mantener el tanque lleno.

5. Domina tu mayor enemigo: TÚ

Uno debe aprender a practicar el autodominio. Muchos matrimonios fracasan por esto. No nos dominamos a nosotros mismos y no hay disciplina al hablar. Hablamos palabras hirientes y actuamos con actitudes egoístas. Nos dejamos dominar por el coraje, la venganza, el egocentrismo, las preocupaciones y los temores. Todo esto que permitimos en nuestra vida, si no lo dominamos, entonces nos dominara. Una persona que obedece la Palabra de Dios es una persona que va a aprender a dominar todo lo que quiera controlar su vida para vencerla. Y un matrimonio que obedece la Palabra de Dios, es un matrimonio que podra resistir todo ataque infernal. Por eso no debes preocuparte de fracasar en tu relación, porque alguien que está activo en la Palabra es un vencedor y Dios es quien le entrena y le instruye como debe ser y lo que debe hacer.

Aprendamos el autodominio con la ayuda de Dios para evitar la destrucción emocional y espiritual.

6. Perdona 70 veces 7 y más.

Los retos y problemas en el matrimonio son inevitables. Nos enfrentaremos a muchas cosas las cuales probaran nuestro carácter y compromiso a Dios y al cónyuge. En la larga carrera de la vida nos enfrentaremos a muchas cosas entre ellas, ofensas de otras personas hacia a ti y vise versa. Una vez mi esposo y yo vimos la película de la historia de Oseas y Gómer de la Biblia. Una historia de amor y perdón incondicional. Lloramos juntos al final ya que es una historia tan linda de un amor que perdona y no se rinde. Es así el amor que Dios tiene para nosotros y que quiere que tengamos hacia otros. Al enseñarnos Jesús sobre el perdonar setenta veces siete, significa que el perdón debe ser un estilo de vida. Debemos perdonar todo el tiempo así como nosotros hemos sido perdonados. La falta de perdón trae consigo muchas consecuencias que pueden ser fatales para el matrimonio. El perdón debe ser parte de un matrimonio para que sea saludable y pueda avanzar hacia la madurez. Creo que los mejores matrimonios son aquellos que están comprometidos a perdonar todos los días. Hay varios niveles de ofensas, y no cabe duda que algunas ofensas son más difícil de perdonar que otras.

En estos casos más críticos se requiere por supuesto oración y quizá algo de tiempo. Hay muchas personas que no están dispuestas a perdonar. Es un gran desafío para ellos. Pero entre más tardamos, más profunda se hace esa raíz de ofensa la cual eventualmente se convierte en amargura y un veneno que consumirá tu vida y tu destino. El perdón tiene que ser una decisión. Debe ser genuino y de corazón, no solo de palabras.

7. Oren juntos.

Amo orar con mi esposo. Nunca me imaginé el gran impacto espiritual que tiene orar con regularidad con tu cónyuge. Para seguir creciendo y madurando en el amor un debe de establecer una vida de oración en la relación. Juntos buscar la instrucción de Dios, su dirección, y sabiduría de lo alto. Mi esposo y yo oramos juntos todo el tiempo y para todo. Hay veces que el me llama y oramos juntos en el teléfono por cualquier situación o simplemente por gratitud a Dios. Otras veces salimos a caminar y platicar y luego comenzamos a orar juntos. Es algo hermoso que tiene un impacto poderoso en el ámbito espiritual. **Salmos 127:1** dice: *"Si el Señor no edifica la casa, en vano trabajan los que la edifican."* Un matrimonio con fundamentos en la oración, será un matrimonio fuerte y más unido.

La oración tiene un impacto enorme tanto en lo espiritual como en lo natural. Conociendo y hablando con diferentes matrimonios me he dado cuenta que hay una gran diferencia en aquellos que oran juntos y los que no. Desde mi perspectiva y experiencia personal, un matrimonio que tiene un estilo de vida de oración continua, disfrutara más la relación tanto marital como íntima. Habrá más respeto, mejor comunicación, y más unidad. Puedo decirlo desde mi experiencia personal. La oración hizo algo increíble en nuestra relación en general. No solo una área, sino todas. Emocional, íntima, económica, todas las áreas. ¡Dios es maravilloso!

Sí pero, ¿qué si mi esposo no es creyente?

Esta pregunta es muy común y frecuente en mis redes sociales. Muchas personas piensan que deben dejar al cónyuge por diferentes razones como - yugo desigual, nunca están de acuerdo, ya no se aman, no hay respeto y bueno la lista puede ser larga. La respuesta es ¡NO! La Biblia tiene instrucciones específicas que si las seguimos tendremos resultados muy buenos (1 Corintios 7:12-17). Muchos piensan que pueden cambiar al cónyuge y la realidad como lo mencione anteriormente, nadie puede forzarlos a cambiar. Solo Jesús puede cambiar los corazones de las personas. Entiendo que viven situaciones demasiado difícil, puede haber mucho dolor, heridas emocionales y frustraciones de por medio. Si tu cónyuge no es creyente como tú y ya no puedes más, lo primero que debes hacer es lo siguiente:

1. Debes tomar responsabilidad por tus propias acciones. Uno debe dejar de quejarse, dejar la actitud de víctima, dejar de manipular, de pelear y de culpar al cónyuge por tu infelicidad y por todo en la relación. **Gálatas 6:5** dice: *"Que cada uno cargue con su propia responsabilidad."* Tú no puedes controlar la actitud ni las acciones de tu cónyuge, pero si puedes controlar las tuyas. Escoge trabajar en ti primero. Este punto es demasiado importante, si fallas en este, es muy difícil que veas resultados. Puedes estar orando que Dios cambie tu cónyuge y tu matrimonio pero si no te enfocas en cambiar tus actitudes primero, nada sucederá.

2. Lo segundo es comenzar a ver con los ojos de la fe.
Comienza a creer que Dios puede transformar tu matrimonio. **Mateo 19:26** *"—Para los hombres es imposible —aclaró Jesús, mirándolos fijamente—, más para Dios todo es posible."*

Dios puede hacerlo si tu tomas la posición que te corresponde y tomas responsabilidad por tus propias acciones.

3. Haz lo que sea necesario de tu parte para ver el cambio.

Uno debe alinearse a Dios para salvar su matrimonio. Un matrimonio hermoso no sucede de la noche a la mañana. Hoy vivimos las consecuencias (buenas o malas) de nuestras decisiones pasadas. Se requiere paciencia, honestidad, dejar el orgullo y ser perseverante. Mucha gente dice -es que ya no amo a mi cónyuge, no quiero luchar por el matrimonio, ¿qué hago?- Pídele a Dios que restaure tu corazón y te de fuerzas para luchar por tu matrimonio. Que restaure el amor en tu vida. De otra manera tampoco podras compartir tu fe con tu cónyuge si él no lo ve a través de tus acciones. Si él ve que tú sigues siendo una persona fría, indiferente, con rebelión y control. Recuerdo que yo me sentía así hace años. Incluso, no podía ni hablar con él. Tenía mucho rencor, estaba herida y encima con un orgullo horrible. En el proceso de transformación, le pedí a Dios que restaurara en mí el amor para mi esposo. Le pedía que me diera una visión diferente, para verlo con ojos de amor porque batallaba mucho con esto. No sabía si podía amar a mi esposo después de todo lo que había pasado entre nosotros.

Pero Dios es maravilloso. Usó diferentes experiencias en mi vida, incluso sueños hermosos de mi matrimonio para restaurar el amor.

Haz lo que sea necesario de tu parte y haz lo que es correcto. Nunca te rindas y verás la recompensa (Gálatas 6:9). Mi oración es que Dios haga un milagro en tu matrimonio. Sé que ese es su anhelo. Que así como yo, tú puedas encontrar la fuerza, la fe y el denuedo en Dios para luchar. No te rindas, no cedas, no te canses. Refúgiate en Dios como nunca antes lo hayas echo. Y recuerda asumir tu responsabilidad. Hacer lo que te corresponde como cónyuge. Dios puede restaurar todo en tu vida y tu relación. ¡Espera lo mejor!

Oraciones

Señor, quiero conocerte más.

Señor, me acerco a ti con gratitud sabiendo que tu estas cerca de aquellos que te invocan de verdad. Quiero habitar en tu presencia y conocerte más de cerca. No quiero vivir alejada de ti. Tú conoces todo de mí y me escogiste antes de la fundación del mundo (Efesios 1:4). Guíame y ayúdame a vivir una vida en obediencia. Me comprometo a buscarte a través de la oración porque quiero que me guíes y quiero aprender a escuchar tu corazón. Anhelo un caminar más íntimo y de cerca contigo.

"El Señor está cerca de quienes lo invocan, de quienes lo invocan en verdad." Salmos 145:18

Señor, ayúdame a ser perseverante en la oración.

Señor, perdón por tener puertas abiertas que estorban mi vida de oración. Cierro en el nombre de Jesús todo acceso donde el enemigo se ha acomodado para distraerme de tener una vida de oración. Reconozco que no he abierto mi corazón genuinamente a ti, y tampoco he dedicado tiempo para buscar tu voluntad. Me alineo a ti, me comprometo a buscarte y seguirte. Renuncio a toda atadura en mi mente, voluntad y emociones que me distraen de orar. Quiero habitar en tu presencia como nunca antes y conocerte.

"Dedíquense a la oración: perseveren en ella con agradecimiento." Colosenses 4:2

Señor, que se haga tu voluntad y no la mía.

Señor, te rindo cada día de mi vida. Enséñame a orar tu voluntad y la Palabra. Renuncio a toda oración de manipulación y control sobre mi cónyuge, mi familia y circunstancias. Renuncio a orar mi voluntad. Quiero orar conforme a tu voluntad. Enséñame qué orar y cómo. No sé muchas cosas, pero sé que puedes enseñarme si yo me dispongo a buscarte todos los días de mi vida. Gracias que mi oración llega hasta tu trono a través de Jesus. Búsco tu voluntad y no lo que me conviene.

"Venga tu reino. Sea hecha tu voluntad, como en el cielo, así también en la tierra." Mateo 6:10

Señor, me comprometo a orar.

Señor, ayúdame a separar tiempo todos los días para encontrarme contigo. Perdón por vivir desenfocada. Por dejar lo último de mi tiempo para ti o incluso olvidarme de orar. Dame hambre y sed por tu presencia. Anhelo una vida más íntima contigo a través de la oración. Reconozco que te necesito en cada área de mi vida. Renuncio a la pasividad y al letargo. Me acerco a ti confiadamente a través de tu hijo Jesús y pedir que tu reino sea establecido en mi vida y mi hogar. Te necesito y hoy me comprometo a una vida de oración continua.

"Acérquense a Dios, y él se acercara a ustedes."
Santiago 4:8

Señor, limpia mi corazón.

Señor, confieso todo pecado en mi corazón que me aleje de ti. Espíritu Santo te pido que traigas a memoria las cosas escondidas en lo profundo de mi ser que debo entregarte y arrepentirme. Renuncio a todo pecado en mí porque me separa de ti (Isaias 59:2). Arranca toda raíz de iniquidad generacional en mí que me ha separado de tu presencia y de escuchar tu voz. Me arrepiento y me aparto. No quiero nada con el pecado, quiero agradarte y servirte. Cierro toda puerta abierta en mi vida que de acceso al enemigo. Ablanda mi corazón endurecido y renueva mi corazón lastimado. Que tu luz brille en mí y pueda reflejar tu amor.

"Si confesamos nuestros pecados, Dios, que es fiel y justo, nos los perdonará y nos limpiará de toda maldad."
1 Juan 1:9

Señor, renueva mi mente.

Señor, sé que no he cuidado mi relación contigo y he sido débil en mi mente. He batallado con mis pensamientos y aceptado muchos de ellos. Como resultado me he sentido derrotada, confundida, sin esperanza y sin ganas de seguir. Te entrego todo pensamiento de derrota y todo lo que me impide operar en la verdadera identidad que viene de ti. Hoy me comprometo a escudriñar y meditar en tu Palabra porque me ayudará a renovar mi mente y pensar todo lo bueno, todo lo verdadero, todo lo digno, todo lo justo, todo lo puro, todo lo amable, todo lo honorable (Filipenses 4:8).

"No se amolden al mundo actual, sino sean transformados mediante la renovación de su mente. Así podrán comprobar cuál es la voluntad de Dios, buena, agradable y perfecta."
Romanos 12:2

Señor, ayudame a perdonar.

Padre celestial, ayudame a vivir en la revelación de tu perdón para poder perdonar. Quiero perdonar a aquellos que me han ofendido y no permitir que la ofensa detenga mi progreso o aborte mi destino. Muéstrame cualquier ofensa, enojo, amargura, o resentimiento en mi vida que quiere detener mi avanzar. Reconozco que el perdonar a alguien me libera a mí. Perdono a todos aquellos que me han ofendido así como tú me perdonaste a mí. Perdono a (nombra a la persona que sabes que debes perdonar). Declaro que de hoy en adelante practicare el perdón y operare en tu amor.

"Porque si perdonan a otros sus ofensas, también los perdonará a ustedes su Padre celestial." Mateo 6:14

Señor, ayúdame a hablar y accionar tu Palabra.

Padre celestial, pon guarda a mi boca. Que tenga cuidado de cada palabra al hablar especialmente a mi cónyuge y mis hijos. Ayúdame a ser una mujer conforme a tu corazón y una ayuda idónea para mi esposo. Que las palabras que salen de mi boca edifiquen, bendigan y construyan. Tu Palabra es el arma que me da el poder para vencer todo lo que el enemigo lance a mi vida, mi matrimonio y mi hogar. No destruiré más mi casa y mis seres queridos con mis palabras. Buscare soluciones en tu Palabra porque es vida y es lumbrera a mi camino.

"Lámpara es a mis pies tu palabra, y luz para mi camino."
Salmos 119:105

Señor, enséñame a andar en obediencia.

Señor Jesus, no permitas que me aparte de tus caminos. Reconozco que el pecado me separa de ti. Te amo y no quiero ofenderte de ninguna manera con mis acciones o actitudes. Te pido que me enseñes a caminar en obediencia todos mis días. Alineo mi vida y mi corazón a ti. Declaro que al caminar en obediencia contigo, todas las cosas se alinearan y todo lo torcido en mi vida deberá enderezarse. Muéstrame si estoy haciendo cosas que no debo, si estoy pensando cosas que no debo, o si estoy hablando algo que no deba decir. Quiero seguir tus instrucciones específicas y obedecerte siempre.

"El que hace suyos mis mandamientos y los obedece. Y al que me ama, mi Padre lo amará, y yo también lo amaré y me manifestaré a él." Juan 14:21

Señor, toma control de mi vida.

Padre celestial, te entrego todo en mi vida. Entrego mi matrimonio, mi familia, mi economía, mi salud, mi trabajo, mi metas y mis deseos. Declaro que soy tu hija, soy virtuosa y actuaré como tal. No temeré de nada ni nadie si tu estas conmigo. Soy una mujer valiente, inteligente y decidida. No permitiré que ninguna actitud, habito o dependencia me controle. Te cedo a ti el control de mi vida entera para que se cumpla tu propósito en mí. Todo lo pongo en tus manos para que lo uses para tu gloria.

"..arraigados y edificados en él, confirmados en la fe como se les enseñó, y llenos de gratitud". Colosenses 2:7

Señor, ayúdame a vivir una vida de orden.

Señor, reconozco que tú te manifiestas donde hay orden. Que tú seas siempre mi prioridad por encima de todo. Donde no hay orden hay caos. Perdón que he vivido con pensamientos, actitudes y comportamientos desordenados. Reconozco que la bendición no podra fluir mientras viva en desorden. Me comprometo contigo a ordenar todo empezando con las cosas más simples como mi casa, los cajones, los armarios, las alacenas. También pondré orden en mi persona, mis sentimientos, mi matrimonio, las finanzas. Yo sé que si te busco primero, todo lo que necesite me será añadido.

"Más bien, busquen primeramente el reino de Dios y su justicia, y todas estas cosas les serán añadidas." Mateo 6:33

Señor, enséñame a ser una mujer guerrera.

Señor, me levanto como una mujer guerrera en la oración. No viviré quejándome y murmurando de mis circunstancias sino que orare al respecto. No me rendiré ante ninguna situación que me plante el enemigo. Resistiré sus artimañas y venceré porque tu estas conmigo. Mi fuerza y fortaleza vienen de ti así que no temeré a nada ni nadie porque tu eres mi protector y defensor. Expongo a la luz del Espíritu Santo todo plan del enemigo para hacerme caer y declaro que todos sus planes fracasan en el nombre de Jesus. ¡Soy más que vencedor!

"Sin embargo, en todo esto somos más que vencedores por medio de aquel que nos amó." Romanos 8:37

Señor, ayúdame a vivir en rectitud.

Señor, tu nos has llamado a vivir sin mancha. No quiero vivir en impureza, sino en santidad (1 Tesalonicenses 4:7). Quiero agradarte en todo y no quiero permitir que nada inmoral o impuro me aparte de ti. Ayúdame a guardarme en pureza siempre para ti. Guardar lo que veo, lo que escucho, lo que hablo, lo que hago, lo que pienso, y lo que siento. Ayúdame a seguir todo lo que es correcto delante de ti para cosechar cosas buenas. No quiero perder bendiciones, oportunidades ni mi vida misma por cosas que no valen la pena.

"..y ponerse el ropaje de la nueva naturaleza, creada a imagen de Dios, en verdadera justicia y santidad." Efesios 4:24

Señor, protégeme de todo lo malo.

Padre celestial, guárdame de todo lo malo que quiera robar mi fe y desviarme de ti. Protégeme de todo accidente, muerte y enfermedades. Guarda a mi familia y ayúdame a vigilar siempre en oración. Enséñame a escuchar tu voz la cual me instruirá y me ayudara a volver al camino correcto si me llego a desviar. Tu eres mi refugio y mi protección por eso no temeré de ninguna amenaza o nada malo porque sé que tu eres quien me defiende. Gracias por tus hermosas promesas de protección.

"Ya que has hecho del Señor tu refugio, del Altísimo tu lugar de protección, no te sobrevendrá ningún mal ni la enfermedad llegará a tu casa." Salmos 91:9-10

Señor, libérame de toda atadura.

Señor, voy a la raiz de todo problema para descubrir lo que el enemigo quiere hacer en contra de mi y mi familia. Cerrare toda puerta que le de acceso a sus planes. Renuncio al dolor del pasado, perdono a los que me han ofendido y los que me han herido. No permitire que eso me siga haciendo daño y me mantenga esclava y prisionera del alma. Libera mi alma (voluntad, mente y emociones) de todo recuerdo y experiencia del pasado. Reconozco que tu fuiste a la cruz para que yo tenga vida y libertad. Renuncio al mal caracter, a las adicciones, la manipulacion, la rebeldia, el celo, el odio, pleito, y todo lo que ha venido a raiz de las heridas de mi pasado para hacerme esclava. Gracias que hay libertad verdadera en ti. Soy libre en el nombre de Jesús.

" Cristo nos libertó para que vivamos en libertad. Por lo tanto, manténganse firmes y no se sometan nuevamente al yugo de esclavitud." Galatas 5:1

Señor, toma control de mis pensamientos.

Señor, te pido que mi mente este alineada a la tuya. Enmudezco toda voz extraña que viene a mi mente para desviarme y hacerme caer. Renuncio a todo pensamiento de soledad, tentación, frustración, depresión, paranoia, confusión, suicidio, tristeza, pesimismo, y baja estima. Arranco esos pensamientos de mi mente y declaro que yo tengo la mente de Cristo (1 Corintios 2:16). No viviré bajo la opresión del enemigo sino que viviré en la libertad en Cristo. Llevo cautivo todo pensamiento a la obediencia de Jesucristo.

"Destruimos argumentos y toda altivez que se levanta contra el conocimiento de Dios, y llevamos cautivo todo pensamiento para que se someta a Cristo." 2 Corintios 10:5

Señor, ayúdame a verme como tú me ves.

Padre celestial, reconozco que en ti tengo una nueva identidad. Renuncio a todos los sentimientos de baja autoestima que me hacen sentir que no valgo nada y que nadie me ama. Anulo toda maldición lanzada a mí y declaro que tengo favor tuyo. De hoy en adelante caminare segura de lo que tú dices que soy. Fui creada por ti, para ti y para buenas obras. No viviré con falta de identidad ni pretendiendo ser alguien más. Cancelo todo falta de identidad que vino a causa de traumas del pasado, rechazo, abuso verbal y físico. Tu eres mi Padre y yo soy tu hija. Tengo tu ADN y sé quién soy.

"Y ustedes no recibieron un espíritu que de nuevo los esclavice al miedo, sino el Espíritu que los adopta como hijos y les permite clamar: «¡Abba! ¡Padre!"
Romanos 8:15

Señor, ayúdame en tiempos de problemas.

Señor, reconozco que tú eres mi protector y defensor en todo tiempo. Ayúdame a ser fuerte en los momentos difíciles y no olvidar que estas conmigo aun en los tiempos obscuros de mi vida. Ayúdame a aprender lo más que pueda al pasar por retos y adversidades. Te pido que en medio de esos tiempos difíciles, mi fe pueda crecer. Tú eres el Dios de la esperanza, eres mi Consolador y en ti puedo refugiarme. Mantenme firme y resistente ante cualquier problema que quiera hacerme caer y rendirme. Te entrego todo dolor y sufrimiento que quiere opacar mi vida. Permanezco firme en tu verdad y no me dejare llevar por lo que veo o lo que siento. Confió en las promesas que me has dado.

"Les dejo la paz. Les doy mi paz, pero no se la doy como la dan los que son del mundo. No se angustien ni tengan miedo." Juan 14:27

Señor, sana mi cuerpo.

Señor, tu eres mi Sanador. Tu Palabra dice que tú llevaste mis enfermedades y mis dolencias. Tú sufriste y moriste por mí para que tuviera vida y no viviera enferma. Perdona mi pecado y toda falta en mi corazón que contribuya a una enfermedad en mi cuerpo. Mi cuerpo es templo del Espíritu Santo y te pido me ayudes a ser una buena administradora. De hoy en adelante cuidaré lo que como para agradarte y para que mi cuerpo este saludable. Declaro que soy sana por tus llagas y toda enfermedad es ilegal en mi cuerpo.

"Él tomó nuestras debilidades y cargó con nuestras enfermedades." Mateo 8:17

Señor, enséñame a ser ayuda a mi esposo.

Padre celestial, te doy gracias por mi esposo. Enséñame a ser ayuda idónea para él. Te entrego toda herida del corazón que ha afectado para que no tengamos una buena relación en el matrimonio. Ayúdame a bendecir a mi esposo, animarlo y ayudarlo a cumplir su propósito aquí en la tierra. Enséñame a pelear la buena batalla de la fe y ayúdame a no rendirme. No quiero ser una mujer que controle ni manipule. Quiero ser una mujer llena de tu amor y favor. Me comprometo a levantar a mi esposo en oración y ser ayuda para él.

"Pelea la buena batalla de la fe; no dejes escapar la vida eterna, pues para eso te llamó Dios y por eso hiciste una buena declaración de tu fe delante de muchos testigos."
1 Timoteo 6:12

Señor, aumenta mi fe.

Señor, me rehúso a vivir por vista. No me dejare llevar por mi circunstancia ni por lo que veo. Aumenta mi fe y ayúdame a orar con poder y autoridad. Que mi fe crezca y aumente cada vez que lea y medite en tu Palabra (Romanos 10:17). Declaro que soy una mujer de fe que mueve montañas. Renuncio a toda duda que impide que los milagros sucedan en mi vida. Perdóname por dudar y por el pecado que permití en mi vida. Me arrepiento. Tomo el escudo de la fe y apago todo los dardos del enemigo que vienen a mi vida. Aumenta mi fe y ayúdame a creer en tus promesas.

"Así que la fe viene del oír, y el oír, por la palabra de Dios." Romanos 10:17

Señor, ayúdame a cambiar.

Padre celestial, no quiero ser igual. Quiero cambiar la manera como he sido y he vivido. Estoy cansada de vivir en esclava y en derrota. Ayúdame a cambiar la manera como pienso, siento, hablo y actúo. Te pido que cada día que me encuentre contigo en tu presencia a través de la oración, me enseñes a vivir como tú quieres y pueda ser transformada por tu Espíritu Santo. Por más que he tratado, no he podido cambiar. Pero contigo todo es posible. Me aparto de los placeres del mundo para entregarme por completo a ti. Transfórmame a tu semejanza. Me declaro libre de todo mal comportamiento, tentaciones, dependencias, malos hábitos, y adicciones que me hacen caer.

"Con Cristo he sido crucificado[a], y ya no soy yo el que vive, sino que Cristo vive en mí." Gálatas 2:20

Señor, bendice mi matrimonio.

Señor, gracias que me has permitido ver las cosas que estaban mal en mí para ahora poder hacer lo que me corresponde en mi matrimonio. Te pido que lo sanes y lo bendigas. Declaro que el plan del enemigo para mi matrimonio es confundido y nada en contra nuestra prosperara. Guarda mi matrimonio de toda división y divorcio. Mi matrimonio no se romperá por los problemas de la vida sino que se acercara más a tu presencia. Bendice nuestro matrimonio y que cada uno pueda operar en la función correcta efectivamente. Enséñanos a vivir en amor y respeto. Te pido que podamos ser guiados por tu Espíritu Santo, no dejar de orar y trabajar en equipo.

"Uno solo puede ser vencido, pero dos podrán resistir. Y además, la cuerda de tres hilos no se rompe fácilmente."
Ecclesiastes 4:12

Señor, pongo mi vida en tus manos.

Señor, mi vida y mi futuro está en tus manos. Ayúdame a no preocuparme por el futuro o los problemas de la vida. Enséñame a refugiarme en ti y adquirir fuerza y fortaleza siempre de ti. Dame la resistencia que necesito para esta carrera intensa de la vida. No me rendiré porque tu estas conmigo. Levántame cuando caigo y sobre todo te pido que no dejes que abandone mi vida de oración continua. Ayúdame a velar siempre en la oración y a producir buenos frutos. Mi prioridad eres tú y es buscarte a ti hasta el final de mis días. Pongo mi vida en tus manos para ser una mujer inquebrantable en la fe. Me tomo de tu mano y camino con seguridad hacia lo que tienes para mí.

"El camino de los justos es como la luz de un nuevo día: va en aumento hasta brillar en todo su esplendor."
Proverbios 4:18